ART DIRECTORS CLUB ANNUAL 7

Editore
ABBEVILLE PRESS INC.

Art Direction e Graphic Design
ALESSANDRO PETRINI
ROBERTO GARIBOLDI

Comitato di Redazione
ALDO BIASI
ALESSANDRO PETRINI
ANDREA CONCATO
ELIO BRONZINO
MAURIZIO BADIANI
NICOLETTA COCCHI
PIETRO VACCARI

Copertina
AGOSTINO REGGIO

Illustrazione Copertina
MAURO DE LUCA

Foto Giurie
JACOPO CIMA
DANIELE INNAMORATO

Foto lavori categoria
Graphic Design
Packaging e Immagine
Coordinata
TIZIANO OLMI

Coordinatore Editoriale
STENCIL (SFERA)

Fotocomposizione
CLOW (SFERA)

Fotolito
OWER (SFERA)
CLICHE' OFFSET
COLORLITO RIGOGLIOSI
COLOUR COMPUTER

Controllo Qualità
GIUSEPPE PECCATI

Stampa
GARZANTI EDITORE

PRINTED IN ITALY
OCTOBER 92

Sommario

CRISI DELLE AZIENDE, NON DEI CREATIVI.

Il 1991 si è aperto all'insegna di una crisi annunciata e si è chiuso con una crisi confermata. Crisi economica, crisi politica, crisi delle istituzioni, crisi ideologica e per l'Italia addirittura crisi calcistica, il che è tutto dire!
In un fenomeno di questa natura e di questa portata era inevitabile che restasse coinvolto tutto il mondo della pubblicità, in quanto pezzo fondamentale della vita economica di un Paese. E' a questo punto che il mondo della pubblicità e chi vi ruota attorno fa un gran pasticcio mescolando causa con effetto. L'operazione di "crasi" fra azienda committente (causa) e creatività delle agenzie (effetto) è così totale che ad una reale crisi di coraggio, di iniziativa, di visione a lungo termine da parte delle aziende, corrisponde una falsa denuncia di crisi della creatività italiana. Troppo spesso ci si dimentica di una regola fondamentale in pubblicità e che, proprio in questo momento di crisi, tengo a riportare alla memoria di tutti: le campagne non le fa solo l'agenzia, ma le fa il cliente con l'agenzia e, consentitemi la battuta, ogni cliente ha la creatività che si merita. Non c'è crisi di idee. L'Annual dell'Art Directors Club Italiano quest'anno, come tutti gli anni precedenti, dimostra che le idee buone ed efficaci ci sono. E' vero che di buone idee non ce ne sono molte, ma questo dipende dalle "cause", che riducono a lumicino le capacità dei nostri creativi ed è evidente che, appena si apre uno spiraglio, tutta la potenzialità creativa italiana ci si infila e riesce ad esprimersi a livello di altri paesi europei. Non è un caso che l'Art Directors Club Europeo premi le campagne italiane e che il Grand Prix del Festival di Cannes per la stampa quest'anno sia stato assegnato ad un progetto italiano. Quest'anno, tra l'altro, alla crisi annunciata, l'ADCI ha voluto rispondere in anticipo imponendosi una disciplina di qualità, perché sono convinto che la qualità sia l'unica via possibile in un contesto sempre piu competitivo e sempre piu internazionale; la qualità sarà, in futuro, il vero elemento distintivo. Ma parliamo ora di una crisi ben più grave che ha colto i creativi italiani: la scomparsa di Armando Testa. Si è trattato di una crisi interiore, non visibile e per questo ben più pesante; con Armando è scomparso un preciso riferimento creativo, per alcuni un ispiratore, per altri un antagonista, per tutti una personalità irripetibile, la cui mancanza si sente sempre di più con l'avanzare del tempo. E la crisi interiore è stata aggravata dalla scomparsa, quasi contemporanea a quella del Maestro, di un giovane talento della creatività italiana: Luca Bonacina. Alla memoria di Luca i soci hanno deciso di intitolare un premio aperto a tutti i creativi più giovani, convinti così di interpretare sino in fondo anche il pensiero di Armando Testa, che aveva fatto della vitalità, della vivacità e della creatività giovanile il suo modo di essere, sino all'ultimo. Ecco, ciò che rende veramente buio per la creatività italiana il recente passato, non è la crisi, ma è proprio la scomparsa di questi nostri due colleghi.
E' però grazie a loro che ho avuto la precisa sensazione di quanto i creativi italiani siano capaci di ritrovarsi uniti e di questo, mi capiranno Armando e Luca, sono felice: perché è di coesione e di forti momenti di aggregazione che i creativi italiani hanno particolarmente bisogno.

The year 1991 began with all the signs of a coming crisis and ended with the crisis in full force. Economic crisis, political crisis, institutional crisis, ideological crisis and even a football crisis in Italy, which says it all!
With phenomena of this nature and magnitude it was inevitable that the advertising world would be affected, being as it is a fundamental part of the economic life of a country. Here everyone concerned with the world of advertising confuses the causes and the effects. The crisis between commissioning company (cause) and agency creativity (effect) is so complete that a real crisis of courage, initiative, and long-term planning by the companies is distorted into a false accusation of crisis of Italian creativity. A fundamental rule in advertising (too often forgotten) and which, in this moment of crisis, I would like everyone to remember is: campaigns are not made only by the agen-

cies–the client makes the campaign with the agency and (if you'll pardon the joke), each client gets the creativity he deserves. There is no crisis of ideas. The Italian Art Directors Club Annual this year, as in all previous years, demonstrates that there are good and effective ideas. It is true that there were not many opportunities for good ideas, but this depends on the "cause" that limited the chances for creative work; it is evident that, as soon as the smallest opening appears, all the potential of Italian creativity slips through and succeeds in expressing itself at the level of other European countries. It is not just by chance that the European Art Directors Club always rewards the Italian campaigns, or that the Grand Prix of the Cannes Festival for press advertising was awarded this year to an Italian project. The ADCI chose to respond in advance this year to the coming crisis by imposing a doctrine of quality. I am convinced that quality is the only possible path in an ever more competitive and international context; in the future quality will be the real distinguishing element. Let me now turn to a much more serious blow to Italian creatives: the death of Armando Testa. It was an internal crisis, invisible and for this reason much heavier to bear; a precise creative reference point also disappeared with Armando: for some he was an inspiration, for others an antagonist, for everyone an irreplaceable personality whose presence is missed more and more as time passes. This internal crisis was made worse by the loss (nearly simultaneous) of a young Italian with creative talent: Luca Bonacina. The members have decided to dedicate a prize in memory of Luca, open to all young creative talent with the conviction that in doing so they are carrying out the wishes of Armando Testa, who made vitality, vivacity, and the creativity of the young his way of life until the end. It is this double loss which has really made Italian creativity so dark in the recent past, not the crisis. It is thanks to them, however, that I had the clear sensation of how Italian creatives can be brought together and for this, Armando and Luca will understand, I am happy: because Italian creatives have a particular need for cohesion and profound moments of union.

Aldo Biasi

HALL OF FAME

DEAR GUIDO...

UN ESIBIZIONISTA
MOLTO RISERVATO.

" A Roma non vengo: questo mese sono già stato a Como." Così Crepax, all' inizio della sua carriera, rispose ad un grosso produttore romano che gli chiedeva di andare nei suoi studi per disegnare le numerose sequenze di un film. L' episodio, emblematico della vita di Crepax, ci suggerisce un uomo schivo, non disposto ad uscire dal suo guscio milanese di Via De Amicis. Sono piu di trent' anni che da questa postazione Crepax invia segnali sfacciati ma casti, indiscreti ma intimi. Suoi messaggeri: Valentina, Anita, Bianca. Strumenti puri e ciechi di fantasie erotiche, di sogni e incubi. Personaggi non tangibili. Nati da un tratto freddo, distante, come quello di chi trascrive emozioni dettate da altri. Questa lontananza nel raccontare elementi autobiografici sembra essere una delle caratteristiche del padre di Valentina. Dalle sue strisce ci mostra ciò che non si dovrebbe con la stessa, svagata signorilità con la quale accoglie a casa sua i reduci dal viaggio nell' angusto ascensore del palazzo. Non un ascensore: una fetta sottile di un ascensore già stretto che ricorda quegli strumenti di tortura ai quali le sue creature si prestano distrattamente, lo sguardo assorto nei loro pensieri. Questi disegni di natiche candide e seni immacolati sono conservati dall' autore in un armadio da sacrestia. Più che una scelta sacrilega è la conferma di un qualunque tipo di rito che gli guida la mano. Lo senti anche da come ti porge i disegni. Quasi non fossero su cartoncino ma su una velina evanescente pronta a dissolversi sotto le dita. Chinando la testa verso il foglio, Crepax mostra un taglio di capelli corto che ribadisce l' apparenza ascetica. Da frate che umilmente fa vedere le reliquie del culto al quale si è votato. Sono rapporti saffici tra adolescenti, narrati con primissimi piani talmente precisi che sanno di didattico. E poi incontri a tre con varianti appetitose e anche un po' ginniche. Anche il banalizzato rapporto eterosessuale acquista pepe grazie ad analogie - nel momento culminante - con razzi che penetrano nel buio stellare. Crepax si diverte quando disegna. Come un bambino con i suoi giocattoli. E di giocattoli lui ne ha parecchi. A cominciare dalla collezione di gusci di ricci di mare disposti in ordine di grandezza e colore, fino ai soldatini chiusi - a chiave? - dentro un armadio a vetri. Disegnati e ritagliati uno per uno, affollano i ripiani con la violenza della battaglia surgelata nei gesti. Con soldatini come questi, Crepax ha iniziato a giocare quando aveva pochi anni. E ancora non ha smesso. Inventa giochi dove gli eserciti si fronteggiano, e per i quali crea gli schemi di combattimento e le regole. Questo furore ordinatorio forse va

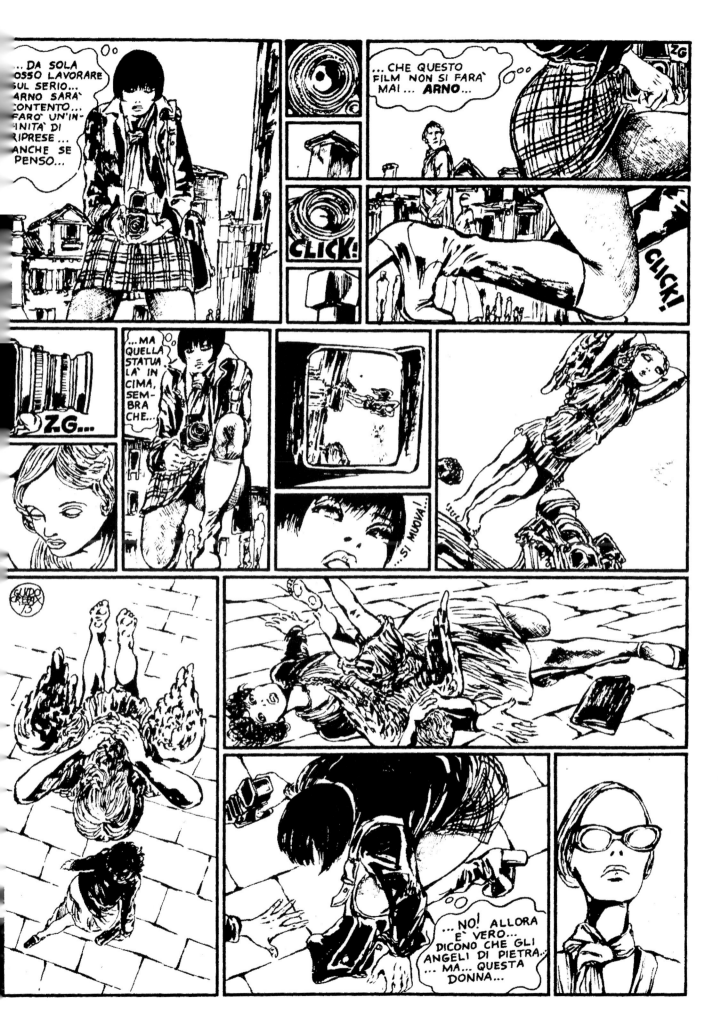

anche attribuito all'intensa frequentazione della musica. Il padre era primo violoncello nell'orchestra della Scala. Lui è appassionato di jazz e musica classica. E la musica, si sa, abitua alla disciplina. E alla forma. La sua impalpabilità richiede strutture precise per poter essere scritta, memorizzata, gustata. Crepax crede che in qualsiasi forma espressiva ci debba essere un progetto: "altrimenti tutto diventa casuale, e la casualità provoca monotonia." Il suo progetto si riconosce subito: prende spunto dal linguaggio cinematografico. Nelle sue stripes ci si trova infatti risucchiati dalla velocità dei campi medi e lunghi per poi essere adagiati nella lentezza dei primi piani e dei dettagli. Nella grafica del fumetto, Crepax è considerato l'inventore di una tecnica di sceneggiatura che prima di lui non esisteva. La doppia pagina è vista come un tutt'uno dove lo spazio è suddiviso in modo da pilotare il tempo di lettura. C'è chi ha scorto in questa tecnica il parallelo su carta del linguaggio filmico di Antonioni. Critici cinematografici ne hanno riconosciuto l'abilità registica e di montaggio. Come se Crepax disegnasse con davanti agli occhi una macchina da presa. Il ritmo con cui le scene si susseguono è influenzato anche dalla sua sensibilità musicale. Una passione che gli permise di iniziare a lavorare come disegnatore con delle copertine di jazz. Ed è proprio grazie ad una copertina - quella per i Crew Cuts - che fu notato da un pubblicitario; gli venne proposto di lavorare su una campagna per la Shell. Ne seguirono altre, tra cui Dunlop, Terital, Clear. L'attrazione che il mondo pubblicitario ha provato per Crepax va forse cercato nel modo in cui il disegnatore inserisce i personaggi nella scenografia: descrivendo mobili, vestiti, scarpe, automobili, moto accessori. Può darsi che questo amore per gli oggetti abbia fatto scattare la scinitilla. Perché, si sa, tra feticisti ci si intende.

A VERY RESERVED EXHIBITIONIST.

"I'm not coming to Rome: I've already been to Como this month." Crepax, at the beginning of his career, gave this reply to an important Roman producer who had asked him to go to his studio to design numerous sequences for a film. This episode, symbolic of Crepax's life, suggests a reserved person who is not willing to come out of his Milanese shell in Via De Amicis. For more than thirty years Crepax has been sending impudent yet chaste, indiscreet yet intimate messages from this hideout. His messengers are Valentina, Anita, Bianca: pure, blind instruments of erotic fantasies, of dreams, of nightmares. Not tangible characters, they are born a cold, distant line, like that of someone who transcribes emotions dictated by others. His distance in recounting autobiographical elements seems to be a characteristic of Valentina's father. In his strips he shows us that which should not be seen, with the same absent-minded elegance with which he welcomes in his home the survivors of an ascent in the narrow elevator of his building. It's not an elevator: a thin slice of an already narrow elevator that brings to mind those instruments of torture in his art: his creatures distractedly lend themselves to these machines, absorbed in their own thoughts. The author keeps his drawings of snow-white buttocks and immaculate breasts in a church vestry wardrobe. Rather than a sacrilegious choice, this is the confirmation of some kind of rite that guides his hand. It can also be felt in the way he presents his drawings: as though they are not on heavy art board but vanishing tissue paper ready to dissolve in your hand. Bending his head over the paper, Crepax shows his short-cut hair that emphasizes his ascetic appearance. Like a monk humbly showing the relics of the faith to which he is sworn. The relics show sapphic encounters between adolescents, narrated in very close close-ups, so precise that they seem almost didactic. And then three-person events with appetizing variations

and a little gymnastics. The banal heterosexual relationship acquires some spice thanks to the analogy–at the climactic moment–of rockets that penetrate the stellar darkness. Crepax enjoys himself while drawing. Like a child with toys. And he has many toys. Starting from the sea urchin shells ranked in order of size and color, to toy soldiers kept–under lock and key?–in a glass cupboard: drawn and cut out one by one, crowding the shelves with the violence of battle frozen in their gestures. Crepax started to play with toy soldiers such as these when he was a few years old. And he still hasn't stopped. He invents games where the troops confront one another, and he creates the battle plans and the regulations. This orderly fury could perhaps also be attributed to his intense connection with music. His father was

Imprimerie.

first cellist in the orchestra of La Scala. He is a passionate lover of jazz and classical music. And music, as we know, gets one accustomed to discipline. And to form. Its impalpability requires precise structures in order to be written, memorized, enjoyed. Crepax believes that any form of expression must have a project: "Otherwise everything becomes arbitrary, and arbitrariness causes monotony." His project can be recognized immediately: he borrows from the language of cinema. In his strips one can be sucked in by the speed of the mid-distance and long shots, and then be gently put at ease by the slowness of the close-ups and details. In cartoon graphics, Crepax is considered the inventor of a scenery technique that did not exist before. The double page is seen as a single unit where space is divided so as to direct the reader's pace. Some see in this technique the parallel on paper of Antonioni's film language. Film critics recognize Crepax's skill in directing and editing. Crepax draws has if he had a movie camera in front of him. The rhythm with which the scenes follow one another is also influenced by his musical sensibility. A passion that allowed him to design jazz music record covers. He began in 1953, in fact, with an LP of Fats Waller. And it was really thanks to a cover–that for the Crew Cuts–that he was noticed by an advertising agent. He was offered work on a campaign for Shell. Others followed, among them Dunlop, Terital, Clear. Crepax's appeal in the advertising world can perhaps be explained by the way the artist inserts his characters in the scenery: describing furniture, clothes, shoes, cars, motorbike accessories. Perhaps his love of objects was the spark. Because, as everyone knows, fetishists understand one another.

Nicoletta Cocchi

'Perché?"

'È mio!"

EMANUELE PIRELLA

raccontato da lui medesimo. Emanuele Pirella,
nato e cresciuto a Parma, si è laureato a
Bologna in Lettere Moderne. Poi, a Milano, si è
svolta tutta la sua vita professionale, dal 1964
ad oggi, per ventisette anni. Vita professionale
divisa in due, tanto che Pirella sostiene di
avere due curriculum, uno come pubblicitario
e uno come autore di satira politica, in coppia
con Tullio Pericoli e come giornalista. In pubblicità, entra come copywriter in Young &
Rubicam, e ne esce cinque anni dopo come
creative manager. Tra le campagne fatte, una
per la banana Chiquita il cui slogan ("Dieci e
lode") è uno dei più longevi della pubblicità
italiana. Nel 1971 fonda con Michele Göettsche
e un altro socio, l'agenzia Italia, oggi
Italia/BBDO. Come direttore creativo di
quell'agenzia, è autore di alcune delle campagne più note e aggressive degli anni '70. Nel
1981 si stacca dall'agenzia Italia e fonda, sempre con Göettsche, la Pirella Göettsche che
oggi gestisce 200 miliardi di budget. Intanto,
con Tullio Pericoli, collabora con vignette di
satira politica all'Espresso, poi al Corriere
della Sera di Piero Ottone, poi a Repubblica
sempre con la serie "Tutti da Fulvia sabato

"Voglio!"

sera". Sull'Espresso, è titolare della rubrica di recensioni televisive: un modo per continuare ad esercitare quell'ironia e quell'aggressività che costituiscono il tono del suo comunicare. Dal fascicolo di presentazione dell'agenzia Pirella Göettsche Lowe. <u>Gli anni Young & Rubicam:</u> Il direttore creativo della Young & Rubicam, Jeffrey Tucker, era inglese, come può essere inglese uno che è nato e cresciuto in India. Non sapeva una parola di italiano se non per chiedere il conto da Alfio. Anche gli art directors erano stranieri, Blachian, Göettsche, Brooks, Lovatt-Smith, Arden: a me, parmigiano, sembravano tutti troppo belli e, magari, anche un po' omosessuali. Anche Del Minio sembrava straniero. Mi ricordo che una volta gli ho messo una mano sulla giacca e gli ho chiesto cos'era. Con la mia cultura e le mie abitudini di vestire, da intellettuale di Parma, non conoscevo il cachemire. Io ero assistente di Pia Elliot, poi lei aspettava una bambina e io sono rimasto alcuni mesi da solo con i suoi prodotti. Erano i migliori dell'agenzia e lì, ho capito l'importanza di scegliersi i prodotti. Ho fatto campagne piuttosto carine, quindi, quando Pia è tornata, si è trovata il posto occupato. Ho lavorato su Plasmon, Knorr e Gancia, oltre a Chiquita. Con Gancia ho vinto un premio che si chiamava Palma d'oro, con Knorr ho vinto il premio per il miglior copywriter d'Italia. In Young & Rubicam abbiamo fatto quattro o cinque anni. Era il miglior lavoro che c'era, non tanto grazie a noi, ma in quanto si inseriva in un momento in cui c'erano gli epigoni del cartellonismo tremende. Poi c'era una moda moderna di rapido montaggio televisivo alla General Film. E poi il marketing che arrivava in pubblicità, una sorta di proto-procterismo; Landò e Mambelli cominciavano a lavorare insieme in CPV e vedevo del lavoro intelligente, poco divertente e molto preciso. Fino agli anni Cinquanta i gusti dell'italiano si scoprivano dopo: quando aveva votato, quando aveva comprato tanti libri o tante scatolette. Mai prima. Noi abbiamo cercato di capire cosa stava desiderando. Quando ho fatto la campagna per Chiquita ho scritto DIECI E LODE e sembrava che avessi fatto La Divina Commedia. Si cercava di seguire il format internazionale ma sempre con grande eleganza. Chiamavamo Bob Brooks per fare i pack-shots, chiamavamo Fulford, Bookbinder, tutti i migliori. Nessuno allora sapeva che esistevano cose chiamate agenzie di pubblicità, persone chiamate copywriters o art directors, cifre chiamate budget, procedure chiamate strategy. <u>Chi mi ama mi segua.</u> Poi il '68 venne davvero... Non credevano più. Non stavano più a sentire. Le belle favole erano finite. Finito il mito, cominciava un'altra età: il momento dell'ironia. Ci aiutavano...gli

annual americani, pieni di sottili giochi nuovaiorchesi o, addirittura, ebraici e autolesionisti. A un certo punto Gianni Muccini diventò capo della Ogilvy & Mather e io e Michele eravamo direttori creativi. Abbiamo fatto lavori interessanti: le campagne Schweppes, le campagne Baygon a fondo nero con i dialoghini... Nel '71, a trentun'anni, aprimmo in tre con una segretaria l'agenzia Italia. Avevamo una gran voglia di mostrare che cosa eravamo capaci di fare. Avevamo budget piccoli e questo ci ha portato, ad esempio, a riscoprire il copy-head come modo più economico di fare un annuncio, con un packshot fatto fare da uno qualsiasi... A riscoprire il multisoggetto, per chi aveva budget piccoli che dovevano far rumore. C'era un ragazzo che aveva l'ufficio davanti alla nostra porta. Vendeva maglioni... Un giorno suona: "Voi cosa fate? Io faccio jeans, magari ho un problema. I jeans si chiamano Jesus. Gli prepariamo il piano della campagna... glielo mostro sull'autostrada fra Milano e Torino... A suo parere i manifesti vanno visti in due secondi. Mi scarica a Torino. Prendo il treno del ritorno col manifesto approvato. <u>Göettsche e Pericoli.</u> La mia parola scritta deve trovare sistemazione all'interno di un frame altrui. O dentro il riquadro di un fumetto con Tullio, o dentro un layout di Michele. Mi capitava anche di avere un qualche tipo di immaginazione visiva. Per esempio, con Tullio che era un po' più incerto all'inizio, poteva capitare che queste mie idee venissero raccolte, diventassero esecuzione. <u>La teoria e la pratica.</u> Non è che io applichi le mie teorie: mi restano in testa e poi, dopo un po', le faccio. Quando è uscita la campagna Panorama, sembrava l'esatta applicazione delle teorie che avevo pensato poco tempo prima in una conferenza per la IGP. Ho abbastanza forte il senso del congegno totale. O in autonomia, quando sono quello che fa tutto il lavoro: pongo le premesse, le nego (il famoso 'punto Pirella', N.d.R.). Oppure, nei momenti più alti, cerco di essere in contraddizione fra quello che dico e quello che si vede. Dove l'ironia scatta nel momento in cui c'è contraddizione, tutta la pagina si mette in movimento. Mi ricordo una pagina di molti anni fa in cui il titolo diceva ECCO UN GRANDE UOMO D'AFFARI e poi si vedeva un bambino. Dicono che mi sia comprato la casa al mare, e la vita senza pensieri. Solo sfruttando il punto fermo. In fondo è vero. Se vedo trionfante un tipo di pubblicità che non mi piace, cerco di non adeguarmi. La sofferenza non fa parte dei miei codici. Piuttosto cerco sempre di analizzare i codici correnti e come essere diverso dagli altri. Se mi trovo davanti a un visual che è straordinario, mi acquatto nella didascalia. L'ironia irriverente e clamorosa alla Avanzi per me va bene, alla Gino & Michele sì, l'ironia finto stupida, sgrammaticata, francamente non appartiene alle cose che so fare e che mi piace fare. Mi è sempre pia-

ciuto il fatto di essere semplici, netti, di togliere invece di aggiungere... Io ho una passione per il teorizzare perché mi diverte. Mi ricordo che una volta auspicavo una nuova semplicità, questa capacità aurorale di usare le parole come se fosse la prima volta. Poi ho fatto l'annuncio per il profumo Krizia: "HAI CAMBIATO PROFUMO?" "SI". Ma questi sono diveggiamenti, in realtà è il lavoro che fa testo. Il più bel commercial mai fatto. Il film Alka Seltzer degli ergastolani, quello in cui non capita quasi niente: ci sono questi ergastolani in prigione, mangiano male (come noi che siamo un po' in prigione e mangiamo panini) e poi, uno alla volta e poi tutti insieme chiedono Alka Seltzer. Per me è uno dei film più rilevanti nella storia della pubblicità. E il film che mi emoziona di più, perché è fatto di niente e poi usa la realtà come materia per la pubblicità. I Maestri. George Lois ha immesso il movimento nelle foto. Bernbach ci ha insegnato le stasi e nella stasi il movimento. Il suo grande insegnamento è che l'headline deve contraddire il visual in modo che tutto l'annuncio si metta in movimento. In cattedra per davvero. Quest'anno parte l'università di Alberoni e dovrò insegnare per 75 ore a semestre. La sfida è insegnare una materia così labile, senza libri di testo, a questi universitari. I libri che ho comprato in Inghilterra e in America mi sembrano manuali insufficienti. Le cose che facciamo in agenzia sono sporche di sudore e di fatica, mi piacerebbe che a partire dal lavoro si potesse teorizzare. Da queste lezioni nascerà, forse, finalmente un libro. I codici in pubblicità. I codici sono i tratti comuni di tutta una serie di prodotti, il Massimo Comun Denominatore. Ho l'impressione che quando diciamo che un prodotto non rispetta il codice della sua categoria noi semplifichiamo, che in realtà dovremmo dire che quel prodotto lì non ha quel tono di voce lì. Come si sceglie un copywriter. Si tiene conto di una cultura di base che deve essere il più possibile ampia. A uno che doveva fare un profumo ho consigliato di leggere Baudelaire, Rimbaud, etc. Fare il liceo classico e l'università è meglio, perché molti dei suggerimenti che do' passano attraverso i nomi che appartengono alla cultura classica. Non c'è dubbio che per un vino siciliano devi leggere Bufalino e Consolo. Le aree culturali inerenti al prodotto devono essere conosciute. Il secondo elemento è quello di una totale curiosità: conoscere tutto, anche Dylan Dog e il Gabibbo. E poi una gran voglia di sperimentarsi sugli oggetti, perchè in realtà mettiamo in pista una struttura complessa a favore di occhiali, fustini, bottiglie, pantaloni. Smania, voglia e amore che possono essere definiti pop. Gli oggetti sono belli. Fonti: intervista rilasciata il 31/VII/1992. Emanuele Pirella di Maurizio Chierici, dal volume La mia professione, a cura di Corrado Stajano, Bari, 1986. Le mia Memorie di E.P., Nuovo, n.2,1982.

EMANUELE PIRELLA IN HIS OWN WORDS.
Emanuele Pirella was born and brought up in Parma, and took his Bachelor of Arts degree in Bologna. His professional life started in 1964 in Milan, and has continued in Milan for twenty-seven years, to the present day. His professional life is divided in two, so much so that Pirella claims two resumés, one in advertising and one as a political satirist (together with Tullio Pericoli) and a journalist. In advertising, he joined Young & Rubicam as a copywriter and left as creative manager after five years. Among the campaigns he created is the one for Chiquita bananas, whose slogan ("Ten with honors") is one of the most durable in Italian advertising. In 1971 he founded the Italia Agency, with Michele Göttsche and another partner (known today as Italia/BBDO). As creative director of this agency he was author of some of the most famous and aggressive campaigns of the Seventies. In 1981 he left the Italia Agency and founded, again with Göttsche, the Pirella Göttsche Lowe Agency that currently manages a budget of 200 thousand million lire. In the meantime, he collaborated with Tullio Pericoli on political satire cartoons, first for Espresso, then for Piero Ottone, editor of Corriere della Sera, and then for Repubblica, with the series "All together at Fulvia's on Saturday night." He writes the television review column for Espresso: it is a way for him to continue in the vein of irony and aggressiveness that characterizes his way of communicating. (From the Pirella Göttsche Lowe agency presentation booklet:) The Young & Rubicam years. *The creative manager of Young & Rubicam, Jeffrey Tucker, was English—as English as one can be who is born and brought up in India. He did not know one word of Italian, except for how to ask for the bill at Alfio's. The other art directors were all foreigners: Blachian, Göttsche, Brooks, Lovatt-Smith, Arden; to me, the Parmesan, they all seemed too handsome and maybe a little homosexual. Del Minio also seemed to be foreign. I remember that once I rested my hand on his jacket and asked him what material it was made of. With my culture and my way of dressing (Parmesan intellectual), I did not know what cashmere was. I was assistant to Pia Elliot, who was expecting a baby, and I was left alone for some months with her products. They were the agency's best, and it was then that I learned the importance of choosing products. My campaigns were quite good: when Pia came back to work, she found her job had been taken. Apart from Chiquita, I also worked on Plasmon, Knorr and Gancia. With Gancia I won the "Golden Palm" ("Palma d'oro") award, and with Knorr, the award for the best copywriter in Italy. We worked at Young & Rubicam for four or five years. It was the best work around, not only thanks to us, but*

because it was the high point of the production of terrible ad posters. There was a modern fashion of rapid television editing at General Film. There was also marketing, which was moving into advertising, a sort of proto-Proctorism; Landò and Mambelli started working together at CPV and I saw intelligent, not very entertaining but very precise work being done. Up until the Fifties Italian tastes were discovered "afterwards": after people voted, after they bought lots of books or lots of boxes of things. Never in advance. We tried to understand beforehand what was wanted. When I worked on the Chiquita campaign I wrote TEN WITH HONORS and it was like I had written The Divine Comedy. We tried to follow an international format but always with great elegance. We would call Bob Brooks for the product, we would call Fulford, Bookbinder, all the best. No one at the time knew that advertising agencies existed, nor persons called copywriters or art directors, nor numbers called a budget, nor procedures called strategies. He who loves me follows me. Then '68 really arrived. People stopped believing. They stopped listening. The beautiful fairy tales ended. The myth was finished, another era was starting: the time for irony. The American Annuals–full of subtle New York/Jewish/self-deprecating games–helped us. At a certain point Gianni Muccini became head of Ogilvy & Mather, and Michele and I moved up as creative directors. We did interesting work: the Schweppes campaign, the Baygon campaign with black background and the little dialogues....In '71, when I was thirty-one years old, three of us and a secretary launched the Italia Agency. We were eager to show what we were capable of. We had small budgets and this led us to rediscover, for example, that copy-head was the most economic way to make an ad, with a product shot photographed by anyone....And to rediscover multisubjects, because we had to make news with a small budget. A young man had the office facing ours. He sold sweaters....He rang our bell one day: "What do you do? I sell jeans, maybe I have a problem. The jeans are called Jesus." We sketched a campaign plan....I showed it to him on the highway between Milan and Turin....His idea was that posters should be seen in two seconds.... He left me in Turin. I caught the train back with the poster approved. Göttsche and Pericoli. My written words have to be paired with another person's frame. Either inside the panel of a cartoon with Tullio, or inside a layout by Michele. I often happened to have a type of visual imagination. For example, with Tullio who was a little uncertain at the beginning, it could happen that my ideas were accepted and carried out. Theory and practice. I don't apply my theories: they stay in my head and then, after a while, I carry them out. When the Panorama campaign appeared, it

seemed to be the exact application of the theory that I had envisaged a short time earlier at a conference for IGP. I have a fairly strong sense of the mechanism behind things. Either in autonomy, when I'm the one doing all the work: setting up the premise and then destroying it (Editor's note: the famous "Pirella point"). Or, in the best moments, I try to contradict what I say with what is seen. The moment there is a contradiction, irony explodes, making the whole page move. I remember, many years ago, a page with the head HERE IS A BIG BUSINESS MAN and a picture of a small child. They say I have bought a house by the sea, and a carefree life, all with money I made from using the full stop period. After all it's true. If I see a type of advertising that I don't like triumphing, I try not to conform to it. Suffering is not part of my system. I would rather try to analyze current codes and how to be different from the others. If I find myself confronted with an extraordinary vision, I hide myself in explanations. The irreverent and sensational irony of the TV show "Avanzi" is all right with me, and that of Gino and Michele too, but stupid, false ungrammatical irony, frankly, is not one of the things I know how to or like to do. I have always liked the fact of being simple and clear, of removing instead of adding....I have a passion for theorizing because it amuses me. I remember that I once wished for a new simplicity, for a fresh ability to use words as if it was the first time. Then I did the ad for Krizia perfume "HAVE YOU CHANGED YOUR PERFUME?" "YES." But this is just talk: it's really the work that's important. The best commercial I ever made. *The Alka Seltzer film with the life-sentence convicts, in which nearly nothing happens: there are these convicts in prison, eating poorly (like us, almost prisoners in the office, eating sandwiches) and then, one at a time and then all together they start asking for Alka Seltzer. For me it is one of the most relevant films in the history of advertising. It is the film that moves me most, because it is made of nothing and it uses reality as the material for advertising.* The Masters. *George Lois put movement into photos. Bernbach taught us about stillness and movement in stillness. His great lesson is that the headline must contradict the visuals so that the whole ad is in movement.* Teaching. *This year the Alberoni's University course starts and I will be teaching 75 hours per semester. The challenge is to teach such a fleeting subject, without text books, to these university students. The books I bought in England and America turn out to be insufficient manuals. The things we do at the agency are dirty with sweat and with fatigue. I would like to theorize based on work. Perhaps a book will be born from these lessons, finally.* Advertising codes. *Codes are lines common to a series of products, the Greatest Common*

INVIDIO QUELLI CHE ABBANDONANO LA PUBBLICITA'.

BASTA CON I COMPROMESSI, LE FALSITA',

LE LOTTE, L'IDEOLOGIA DEL PROFITTO.

APPENA HO DA PARTE UN PO' DI SOLDI APRO UNA FABBRICHETTA.

Denominator. *I have the impression that we sim-plify matters if we say that a product does not respect the code of its category: we should really say that this product here does not have the same tone as that voice there.* How to choose a copy-writer. *Basic culture is taken into consideration and it must be as broad as possible. To someone who had to work on a perfume I recommended books by Baudelaire, Rimbaud, etc. Classical sec-ondary school and a university education are best, because many of the suggestions that I give are expressed through the names of classical cul-ture. Without a doubt, Bufalino and Consolo must be read for a campaign for a Sicilian wine. One must be familiar with the culture inherent in the product. The second element is a complete and total curiosity to know everything, even Dylan Dog and Gabibbo. And, besides, a great urge to experiment on objects, because our job is to develop a complex system promoting eye-glasses, soap cartons, bottles, and trousers. You must have a sort of "pop" longing and yearning. The objects are beautiful. (Sources: interview held on 8/31/1992. Emanuele Pirella by Maurizio Chierici, from the volume* La mia professione *(My profession), edited by Corrado Stajano, Bari, 1986. Recollections by E.P.,* Nuovo, *n. 2, 1992.)*

Le Giurie.

Questo Annual è il risultato di un metodo di selezione nuovo, rispetto al passato. L'obiettivo che il Consiglio Direttivo si era posto, su giusta e insistente richiesta dei soci del Club, era quello di garantire, nei limiti del possibile, una migliore qualità dei lavori presenti nell' Annual. E' stato così chiesto ai soci di eleggere 60 colleghi, membri anch'essi del Club, ritenuti da loro degni di effettuare la prima grande selezione fra tutti i lavori pervenuti al Club. I 60 eletti si sono incontrati sabato 29 febbraio 1992 presso lo Studio 117 e qui, divisi in 10 giurie ristrette, hanno visionato tutti i lavori in gara, effettuando un primo screening. Questa prima fase, durata un giorno, si è rivelata subito particolarmente severa e selettiva. Il giorno successivo, domenica 1° marzo, tutti i soci del Club, compresi i 60 eletti, divisi in giurie, hanno visionato i lavori selezionati, indicando per ogni categoria 5 nomination . Nella seconda parte della giornata tutti i soci, non più divisi in giurie, hanno votato, fra tutte le nomination, gli ori, gli argenti e i bronzi per ogni categoria. Ogni socio aveva a disposizione un voto solo per categoria. Gli ori, gli argenti e i bronzi sono stati così assegnati sulla base del primo, secondo e terzo classificato per categoria. Questo nuovo metodo di selezione segna il principio di un processo qualitativo che il Club intende portare avanti per il futuro in tutte le sue attività.

The Juries.

This Annual is the result of a new method of selection, a departure from the old system. The Board of Directors decided, after just and repeated requests by the members of the Club, to guarantee, as far as possible, that a better quality of work be presented in the Annual. For this reason, members were asked to elect 60 colleagues, fellow-members of the Club, who they deemed best suited to perform a first general selection among all the works that arrived at the Club. The 60 elected members met on Saturday, February 29, 1992 at Studio 117 and separated into 10 smaller juries to examine all the works in the competition; this was the first screening. This first phase, which lasted all day, immediately proved to be particularly rigorous and selective. The following day, Sunday, March 1, all the members of the Club (including the 60 elected members) divided into large juries and viewed all the selected works, nominating 5 finalists for each category. During the second part of the day all the members–no longer divided into juries–voted on all the nominations to award gold, the silver, and bronze medals for each category. Each member had available one vote per category. The gold, silver, and bronze medals were assigned on the basis of first, second, and third place in each category. This new method of selection signals the beginning of a revolution in quality that the Club intends to pursue in all its future activities.

I Premi

Oro

Argento

Bronzo

Nomination

GIURIA STAMPA PERIODICA

Presidente
EMANUELE PIRELLA
Segretario
EMILIO HAIMANN

ENZO BALDONI
STEFANO DE FILIPPI
ROBERTO FIAMENGHI
AGOSTINO REGGIO

GIURIA STAMPA QUOTIDIANA

Presidente
LELE PANZERI
Segretario
MAURO MARINARI

GENEVIEVE BINI
ENRICO CHIARUGI
PAOLO SAVIGNANO
GRAZIA USAI

GIURIA STAMPA DI CATEGORIA

Presidente
FRITZ TSCHIRREN
Segretario
ALDO BIASI

MAURIZIO SALA
ENZO STERPI
AGOSTINO TOSCANA
ANNAMARIA TESTA

GIURIA AFFISSIONE

Presidente
ROBERTO GARIBOLDI
Segretario
FRANCESCO RIZZI

LUCA ALBANESE
BIANCA ALLEVI
CESARE CASIRAGHI
PINO PILLA

SECONDA GIURIA TV E CINEMA

Presidente
GAVINO SANNA
Segretario
ELENA MARIANO

SANDRO BALDONI
DANIELE CIMA
MASSIMO MAGRI'
GIANFRANCO MARABELLI
GERARDO PAVONE

PRIMA GIURIA TV E CINEMA

Presidente
FRANCO MORETTI
Segretario
MAURIZIO BADIANI

PASQUALE BARBELLA

ANDREA CONCATO

MAURIZIO D'ADDA

MARCO MIGNANI

**GIURIA GRAPHIC DESIGN
E PACKAGING**

Presidente
TILL NEUBURG
Segretario
ALESSANDRO PETRINI

NIKKO AMANDONICO
MICHELE RIZZI
PAOLO TONELLI
GIAMPIERO VIGORELLI

GIURIA RADIO

Presidente
DARIO DIAZ
Segretario
ANNARITA COLOMBO

ELIO BRONZINO
PAOLO CHIABRANDO
MILKA POGLIANI
DANIELE RAVENNA

GIURIA ART DIRECTION EDITORIALE

FOTOGRAFIA

ILLUSTRAZIONE

Presidente

PIERLUIGI BACHI

Segretario

CHIARA CALVI

ALDO CERNUTO

MAURIZIO DAL BORGO

FABRIZIO GRANATA

GIAN PIERO VINTI

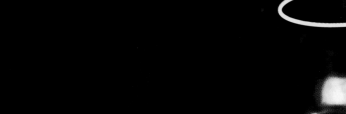

GIURIA MATERIALI PROMOZIONALI

Presidente

PIETRO VACCARI

Segretario

NICOLETTA COCCHI

CHRIS BROADBENT

MARCO FERRI

MARIA FREDIANI

ROBERTA SOLLAZZI

LA PREMIAZIONE

E' il week end del 29 febbraio e 1°
marzo 1992. I soci dell'Art Directors
Club Italiano si trovano ancora una
volta, ospiti dello Studio 117, per deci-
dere quali fra i lavori iscritti si merite-
ranno di essere pubblicati nel loro
Annual e quali troveranno la gloria di
un premio.
Ci sono praticamente tutti. Se è vero
che le attività del Club sono molteplici,
è pur vero che tutti considerano questa
l'occasione clou della stagione.
Quest'anno ci sono due novità: le giurie ristrette e le nominations.
Le giurie ristrette sono formate da 60
soci eletti da tutti, con lo scopo di dare
la maggiore autorevolezza possibile ad
un primo turno di votazioni, che avvie-
ne sabato e seleziona fra tutto il materiale i lavori che nelle varie categorie si
meritano l'ingresso nell'Annual.
Le nominations, cinque per ogni categoria, sono una sorta di rosa di finali-
ste, create sul modello di quelle degli
Academy Awards per aggiungere
pathos all'attesa dei lavori vincitori e
alla festa della premiazione. Queste
vengono votate da tutti i soci domenica
mattina, fra i lavori selezionati sabato.
Nel pomeriggio poi ancora tutti i soci
voteranno fra le nominations i propri
candidati a fregiarsi di bronzo, argento, oro.
Domenica pomeriggio, tardi.
I giochi sono fatti. Le giurie di categoria
hanno lavorato. I soci hanno votato.
Il catering del Savini li ha confortati.
Sentiamo dai presidenti di ogni giuria
come è andata.
Franco Moretti, giuria tv 1. *"L'ADCI è
dopotutto finalmente cresciuto. Per la
prima volta quest'anno partecipare alla
giuria di selezione dei lavori audiovisivi
è stata un'esperienza gratificante e positiva. I lavori si sono svolti in armonia e
serenità con la consapevolezza da parte
di tutti i giurati della responsabilità di
raggiungere un risultato che trascendes-*

*se i giochi di parrocchia. Due giorni di
lavoro costruttivo, scelte basate sulla
dialettica convalidate da creativi di
notevole qualità. L'annual rappresenterà
certamente la selezione più rigorosa
della comunicazione pubblicitaria italiana. Anche se le giurie tv erano due, i
due presidenti (Gavino ed io) si sono
parlati così tanto e così armonicamente
che è come se avesse lavorato una giuria
sola. Per esempio abbiamo deciso per la
prima volta di separare i film destinati
al servizio pubblico da quelli commis-
sionati da aziende produttrici di beni di
largo consumo, permettendo di arrivare
ad una valutazione oggettiva relativa al
contesto particolare. Un solo commento,
per guardare al prossimo appuntamento
con ancora più grinta: alcuni films
(pochi in verità) sono stati esclusi dalla
short list con considerazioni di carattere
deontologico, ovvero la giuria si è dibat-
tuta in merito alla correttezza dei conte-
nuti del messaggio. Io credo che il ruolo
delle nostre giurie sia quello di giudicare
ed esaltare la qualità del lavoro creativo
e non quello di censurarlo. Ne riparlere-
mo, c'è sempre spazio per migliorarsi".*
Gavino Sanna, giuria tv 2. *"Una giuria
molto educata. Al di là di ogni giudizio
qualitativo ho sentito una volontà
costruttiva che va ben al di là di ogni
polemica. Per esempio, anche di fronte a
films che fanno storcere il naso, abbiamo sempre cercato di fare un'analisi in
più: per chi è stato fatto, questo film, in
che mercato, parlando a quale pubblico.
Il che si traduce, in definitiva, in un
maggior rispetto per il lavoro dei colleghi. Si vede che la solidarietà aumenta
di pari passo con le difficoltà dei
tempi. A questo proposito, ho qualcosa
da dire a qualcuno: la prossima volta
che vi infilate le dita in bocca per
fischiare me o qualche vostro collega,
guardate bene, perché molto probabilmente avete le dita sporche di merda
almeno quanto le ho io."*

Lele Panzeri, giuria stampa quotidiana. *"La mia giuria è stata funestata da
un tremendo colpo della strega occorso
al presidente, cioè a me. Ciononostante
c'è stata molta... armonia, che dire. Ho
capito che una giuria ristretta è meglio,
anche se in teoria non amavo il concetto. Non ho visto parapiglia, non ho sentito bombardamenti. Saremo diventati
più vecchi, più saggi, fattostà che si
respirava l'aria di un gruppo consapevo-
le e responsabile. Oddio, saremo mica
diventati adulti?"*
Emanuele Pirella, giuria stampa periodica. *"Una giuria amichevole e pacifica.
Tanto che abbiamo fatto una cosa
ingiustificata, approfittando dell'occasione per confrontare poetiche, ispira-
zioni, il come si fa un annuncio. Perché
uno è carino e uno non funziona.
Perché una campagna è bella e una è
brutta. Ci siamo scambiati impressioni
sulla qualità, sul cosa fare per raggiun-
gerla. Insomma, abbiamo trasformato la
giuria in un seminario. Qualcuno addirittura mi ha detto, indicando un annuncio della mia agenzia: qui secondo me se
facevate così e così, magari passava. C'è
stato uno scambio di opinioni molto
maturo. E onesto. Tanto che uno degli
autori di una campagna premiata, presente in giuria, si è svelato solo alla
fine, quando non riusciva proprio più a
mascherare la sua soddisfazione. Alla
fine, tutti molto contenti dei risultati."*
Roberto Gariboldi, giuria affissione.
*"Di regola, nelle giurie dell'ADCI il voto
del presidente vale doppio, ma io non ho
voluto adottare questa formula, perché
si esprimesse nel modo più realistico
possibile la volontà dei giurati, che for-
mavano un gruppo molto responsabile.
L'unica sorpresa è per me stata quella di
notare un modo molto personale di giudicare di alcuni. Si perdevano solo
nell'ammirazione di tecniche di impagi-
nazione, di fotografia, di lettering. Ma
poi mi sono detto che una giuria del
club serve anche a questo: sono con-
fronti utili a tutti noi."*
Fritz Tschirren, giuria stampa di categoria. *"Negli anni passati ho spesso
visto bei lavori nella stampa di categoria. Spesso più belli che nella categoria
stampa periodica. Questo mi è successo
anche nelle giurie all'estero. E ho sempre pensato che questo dipendeva dal
fatto che i clienti intervengono di più
nelle campagne rivolte al consumatore
che su quelle verso il trade. Quest'anno
non ho visto buoni annunci. Ho visto
invece, anche nella mia giuria, alcuni
colleghi spesso scambiare una frase
divertente per una bella campagna.
Mentre il layout, la tipografia, la foto-*

grafia, il concetto erano terribili. Certo, fare un buon annuncio non è facile. Però quando ci sono lavori brutti è più facile fare il giurato."

Pierluigi Bachi, giuria art direction editoriale, fotografia, illustrazione. *"Due giorni tranquilli. Una buona intesa. Almeno nella nostra giuria, perché da altre sentivamo arrivare urla e strepiti. Il lavoro è stato sereno e costruttivo, molto meglio che in anni passati. Se c'è stato dibattito, è stato maturo. Una passeggiata. Una sana riunione fra amici consapevoli del proprio ruolo. Ma siamo stati anche molto selettivi. Abbiamo raccolto le istanze arrivate dagli anni scorsi che ci accusavano di essere stati di manica larga. Devo purtroppo registrare che nella sezione editoria continuano ad arrivare lavori che non si sa bene dove collocare. E poi il materiale è davvero molto scarso. Il panorama italiano offre molto di più."*

Pietro Vaccari, giuria materiali promozionali. *"In polemica con altre giurie abbiamo adottato un criterio che è quello che avremmo fortemente desiderato per tutti. E cioè: è degno questo lavoro di rappresentarci in Europa? Fra di noi comunque polemiche non ce ne sono state, solo la massima severità. Tanto che ci siamo un po' amareggiati a vedere lavori gratificati di una nomination quando per noi erano dei semplici ingressi."*

Dario Diaz, giuria radio. *"Devo dire che non abbiamo sentito niente di eclatante, a parte Aspirina. Una bassa media. Certo, si trattava di quella qualità che definiamo tutti <accettabile>, ma di sicuro niente di speciale. L'atmosfera della mia giuria è stata comunque molto matura e collaborativa. Ci siamo trovati con molta facilità d'accordo sulle opinioni. Nota di colore: una giovane copy non riusciva a capacitarsi di come una sua campagna non fosse entrata. E lo faceva con tanta toccante partecipazione, che quando glielo abbiamo spiegato, abbiamo usato tutta la dolcezza possibile."*

Till Neuburg, giuria graphic design e packaging. *"Per me è stato abbastanza divertente ritrovarmi nel mio ambiente professionale di trent'anni fa. Certo, oggi il graphic design italiano ha superato la mitologia dell'Helvetica, della cartotecnica cervellotica e del bianco e nero... e qualche volta vediamo anche degli exploits interessanti. Ma l'Italia non ha ancora potuto esprimere un graphic design che facesse scuola (come la Germania, l'Olanda, la Svizzera, l'Inghilterra, la Polonia e persino l'Unione Sovietica degli anni venti). Da almeno cinque anni rivediamo più o meno sempre gli stessi nomi. Se mi si chiedesse una Hall of fame italiana di statura internazionale (del livello Milton Glaser, Karl Gerstner, Saul Bass, El Lissitzky, Robert Brownjohn, Herbert Bayer), non saprei cosa rispondere".*

Per terminare, una sola considerazione a margine: se, come abbiamo visto, in tutte le giurie per una volta ha regnato la totale armonia, da dove provenivano gli strepiti uditi da Pierluigi Bachi e dai suoi? Arrivederci alle giurie dell'anno prossimo.

It is the weekend of February 29 and March 1, 1992. The members of the Italian Art Directors Club meet again, guests of Studio 117, to decide which of the entered works deserve to be published in their Annual and which will have the glory of a prize.

Practically everyone is here. It is true that the club organizes many activities, but it is also true that everyone considers this occasion as the event of the season.

This year there are two innovations: the smaller juries and the nominations. The small juries are composed of 60 members elected by all, with the aim of giv-

ing the greatest authority possible to the first round of voting, which occurs on Saturday and selects from among all the material the works for the various categories that merit entry in the Annual. The nominations, five in each category, serve as list of finalists, created on the model of the Academy Awards to create pathos in leading up to the awards and the awards party. All the members vote on Sunday morning, on the works selected on Saturday. During the afternoon, the members will vote again for their own candidates from among all the nominations, for the bronze, silver, and gold medals.

Late, Sunday afternoon.

It's all over. The juries in each category have done their work. The members have voted. Savini's catering has satisfied their hunger. Let's hear from the chairman of each jury how things went.

Franco Moretti, TV jury 1. "The ADCI has finally grown after all. For the first time, participating in a jury for the selection of audiovisual works has been a gratifying and positive experience. The work flowed harmoniously and tranquilly, with all the jury members acknowledging the responsibility to reach a result that went beyond parochial games. Two days of constructive work; selections based on dialectics confirmed by creatives of considerable quality. The Annual certainly represents the most rigorous selection of Italian advertising. Even though there were two TV juries, the two chairmen (Gavino and I) spoke so often and in such harmony that it was as if one single jury had worked together. For example, we decided, for the first time, to separate the public-service commercials from those commissioned by companies producing consumer products, thus allowing an objective evaluation relative to each particular context. Just one comment, to ensure that the next meeting will be even more tough: some films (few, to be honest) were excluded from the short list on grounds of a deontological character; that is, the jury debated the correctness of the contents of the message. I believe that the role of our juries is to judge and praise the quality of the creative work, and not to censure it. We will talk about this again; there is always room for improvement."

Gavino Sanna, TV jury 2. "A very polite jury. Apart from any qualitative judgment, I felt there was a constructive will that went far beyond any polemic. For example, even when faced with commercials that made us cringe, we always tried to analyze them completely: for whom was this film made, in what mar-

ket, to speak to what audience. This, in the end, translates as greater respect for the work of our colleagues. With this in mind, I would like to send a message to someone: the next time that you put your fingers in your mouth to whistle at and criticize me or another one of your colleagues, pay attention, because most probably your fingers are as dirty with shit as mine are."

Lele Panzeri, daily newspaper jury. "My jury was afflicted by the terrible sufferings of a chairman with a back-ache, who happened to be me! However, there was, how can I say, great...harmony. I now understand that a smaller jury is best, even though in theory I hated the concept. I didn't see chaos, or hear any bombing. Perhaps we have become older and wiser; the fact is we were acting like a responsible and knowledgeable group. Oh, Lord, don't tell me we've grown up, become adults!"

Emanuele Pirella, periodicals jury. "A friendly and peaceable jury. So much so, that we did something extra: we took advantage of the occasion for comparing poetics, inspirations, and how to create an advertisement. Why one is good and another doesn't work. Why one campaign is beautiful and another is awful. We exchanged impressions about quality, about what needs to be done to achieve it. In short, we transformed the jury into a seminar. Someone even said to me, referring to an ad by my agency: look here, according to me if you had done this and this maybe it would have passed. There was a very mature exchange of opinions. And honest. So much so, that one of the authors of a prize-winning campaign, who was present in the jury, revealed it only at the end, when he could no longer hide his joy and satisfaction. At the end, we were all very happy with the results."

Roberto Gariboldi, poster jury. "The rule of the ADCI juries, is that the chairman's vote is worth double, but I did not want to adopt this formula; in this way the will of the panel members, who were a very responsible group, could be expressed in the most realistic way possible. The only surprise for me was seeing a very personal manner of voting by some members. They got lost in admiring the impagination techniques, or the photography, or the lettering. But then I told myself, a club jury serves this purpose too: they are useful for all of us."

Fritz Tschirren, trade publications jury. "I have often seen beautiful work in trade publications in the other years. Often more beautiful than the entries in the awards competition. This is also true, when I'm on juries abroad. I have always thought that this depends on the fact that the client intervenes more in the campaigns aimed at the consumers than in those aimed at the trade. This year I have not seen any good ads. I have seen on the other hand (in my jury as well), colleagues who often mistake an amusing phrase for a good campaign, while the layout, the typography, the photography, and the concept were awful. Certainly, a good ad is not easy to construct. However, when the works are ugly it is easier to be a judge."

Pierluigi Bachi, editorial art direction and photography and illustration jury. "Two calm days. We had a good understanding. At least in our jury, because from others we heard shouts and uproar. Our work was serene and constructive, much better than in previous years. When there was disagreement, it was mature. A pleasure. A healthy gathering of friends aware of their roles. But, we were very selective. We took into consideration the comments of recent years, when we were accused of being too indulgent. I must say, though, that some works are difficult to place. Moreover, the material is really very poor. The Italian panorama offers much more."

Pietro Vaccari, promotional material jury. "In contrast with the other juries, we adopted a criterion that we would like to have seen in all the juries. That is: is this work worthy of representing us throughout Europe? Anyhow, there was no dispute among us as a jury, only the maximum severity. So much so, that we were a little bitter about seeing works honored with a nomination, works that in our opinion were only simple entrants. "

Dario Diaz, radio jury. "I must say that we didn't hear anything surprising, apart from Aspirin. A low average. Definitely, it was all of that level that we all define as 'acceptable', but certainly nothing special. The atmosphere of my jury was, however, very mature and collaborative. We very easily found ourselves in agreement in our opinions. One interesting detail: a young copywriter could not understand why her campaign was not entered. And her confusion was so touching that when we explained it to her, we were as sweet as possible."

Till Neuberg, graphic design and packaging jury. "For me it was quite amusing to find myself in my professional environment of thirty years ago. Certainly, Italian graphic design today has surpassed the Swiss mythology, with its own super-intellectual paper techniques and black and white... and sometimes there are interesting exploits. But Italy still has not been able to invent a graphic design that is a movement in itself (like Germany, Holland, Switzerland, England, Poland, and even the Soviet Union of the Twenties). We have been seeing the same names, more or less, for the last five years. If you were to ask me for an Italian Hall of Fame at an international level (of the Milton Glaser, Karl Gerstner, Saul Bass, El Lissitzky, Robert Brownjohn, Herbert Bayer level) I wouldn't know how to answer."

To terminate, one single marginal consideration: if, as we have seen, total harmony reigned in all the juries, where did the shouts and uproar heard by Pierluigi Bachi and company come from? Farewell to the juries until next year.

Andrea Concato

STAMPA PERIODICA

Presidente:
EMANUELE PIRELLA,

Segretario:
EMILIO HAIMANN

ANGELO ABBATE
SANDRO BALDONI
RAFFAELLO BRA
PAOLO CHIABRANDO
STEFANO DE FILIPPI
FABIO FERRI
ROBERTO GRECO
ROBERTO PANELLI
ANDREA RUGGERI
MAURIZIO SALA
GIANGUIDO SAVERI
ROBERTA SOLLAZI

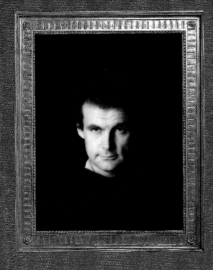

Cliente
LEVI'S STRAUSS
ITALIA
Agenzia
McCANN
ERICKSON ITALIANA
Direttore creativo
MILKA POGLIANI
Art director
STEFANO COLOMBO
Copywriter
ALESSANDRO CANALE
Fotografo
GRAHAM FORD

Cliente
**LEVI'S STRAUSS
ITALIA**
Agenzia
**McCANN
ERICKSON ITALIANA**
Direttore creativo
MILKA POGLIANI
Art director
STEFANO COLOMBO
Copywriter
ALESSANDRO CANALE
Fotografo
GRAHAM FORD

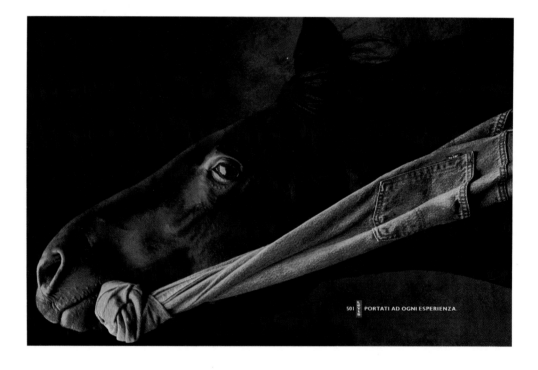

Cliente
IL MANIFESTO
Agenzia
FCA/SBP
Direttore creativo
LELE PANZERI
Art director
LELE PANZERI
Copywriter
SANDRO BALDONI
Fotografo
STOCKPHOTOS

Era un bel po' di tempo che i governi occidentali giocavano al "Piccolo Saladino" con Saddam Hussein, vendendogli armi come se fossero giocattoli.
Quando noi scrivevamo che era un passatempo pericoloso, quasi tutti ci dicevano che eravamo i soliti esagerati.

Ma adesso i fatti, purtroppo, ci danno ragione, come è già successo altre volte.
Sono venti anni che facciamo giornalismo così, cercando di andare oltre l'apparenza degli avvenimenti, senza subire le pressioni di nessun padrone o padrino, perché

i nostri padroni e padrini siamo noi. Venti anni di vita dedicati a tutte le persone che hanno ancora voglia di capire cosa c'è dietro alle manovre dei Grandi Pupari, locali e internazionali, che tengono in ostaggio la democrazia.
Cento di questi venti anni.

il manifesto
Vent'anni dalla parte del torto.

Il Gatto e la Volpe dell'emittenza televisiva italiana si sono felicemente uniti, e stanno preparandoci un futuro televisivo più insipido e velinato che mai, con la benedizione di Gattone Craxi e Volpone Andreotti.
Quando noi dicevamo, qualche tempo fa, che il cosiddetto C.A.F. si sarebbe progressivamente impos-

sessato di tutti i centri di potere di questo paese, qualcuno diceva che eravamo i soliti esagerati. Purtroppo, i fatti ci hanno dato ragione.
Sono venti anni che facciamo giornalismo così, cercando di andare oltre l'apparenza degli avvenimenti, senza subire le pressioni di nessun padrone o padrino,

perché i nostri padroni e padrini siamo noi.
Venti anni di vita dedicati a tutte le persone che hanno ancora voglia di capire cosa c'è dietro alle manovre dei Grandi Pupari, locali e internazionali, che tengono in ostaggio la democrazia.
Cento di questi venti anni.

il manifesto
Vent'anni dalla parte del torto.

Con i tentativi di insabbiamento delle inchieste sul piano Solo e su Gladio, praticamente ormai riusciti, il Palazzo più corrotto d'Europa ha dato solo l'ultima replica di uno spettacolo che dura da molti lustri: lo Strangolamento della Libertà. Da quando è stato fondato, "il manifesto" ha sistematicamente denunciato, spes-

so da solo, stragi, depistaggi, deviazioni, montature, ricevendo quasi sempre in cambio le ormai abituali accuse di atteggiamento sovversivo e disfattista. I fatti, poi, ci hanno dato purtroppo ragione.
Sono venti anni che facciamo giornalismo così, senza subire le pressioni di nessun padrone o padrino, per-

ché i nostri padroni e padrini siamo noi.
Venti anni di vita dedicati a tutte le persone che hanno ancora voglia di capire cosa c'è dietro alle manovre dei Grandi Pupari, locali e internazionali, che tengono in ostaggio la democrazia.
Cento di questi venti anni.

il manifesto
Vent'anni dalla parte del torto.

FCA/BBP

Ve l'avevamo detto.

Durante il regime di Siad Barre, in Somalia sono state uccise 200.000 persone, e un milione sono state costrette all'esilio. Eppure, per anni, i governanti italiani, e in particolare i socialisti, hanno adottato il dittatore come un orfanello, versando nelle sue casse migliaia di miliardi. Quando noi scrivevamo queste cose, tutti dicevano che eravamo i soliti esagerati. Adesso, dopo una sanguinosa quanto prevedibile rivolta, i fatti ci danno purtroppo ragione.

Sono venti anni che facciamo giornalismo così, cercando di andare oltre l'apparenza degli avvenimenti, senza subire le pressioni di nessun padrone o padrino, perché i nostri padroni e padrini siamo noi.

Venti anni di vita dedicati a tutte le persone che hanno ancora voglia di capire cosa c'è dietro alle manovre dei Grandi Pupari, locali o internazionali, che tengono in ostaggio la democrazia.

Cento di questi venti anni.

il manifesto
Vent'anni dalla parte del torto.

FCA/BBP

Ve l'avevamo detto.

Qualche anno fa, "il Manifesto" scrisse, per primo, che a capo dell'Irak c'era un signore coi baffi che stava sterminando un intero popolo, quello curdo, e che l'occidente doveva smettere di vendergli armi, perché era un uomo pericoloso.

Quasi tutti ci dissero che eravamo i soliti esagerati.

Ma adesso i fatti, purtroppo, ci danno ragione, come è già successo altre volte.

Sono venti anni che facciamo giornalismo così, cercando di andare oltre l'apparenza degli avvenimenti, senza subire le pressioni di nessun padrone o padrino, perché i nostri padroni e padrini siamo noi. Venti anni di vita dedicati a tutte le persone che hanno ancora voglia di capire cosa c'è dietro alle manovre dei Grandi Pupari, locali o internazionali, che tengono in ostaggio la democrazia.

Cento di questi venti anni.

il manifesto
Vent'anni dalla parte del torto.

FCA/BBP

Ve l'avevamo detto.

Il problema dell'integrazione degli immigrati continua ad essere preso alla leggera, come quando si nasconde la spazzatura sotto il tappeto. Intanto, migliaia di persone senza casa e occupate in lavori incivili continuano a vagare per l'Italia, magari scontrandosi con l'incomprensione e la violenza della gente, già esasperata per conto suo.

Quando noi dicevamo che c'era bisogno di una legge vera e chiara, che trattasse gli stranieri da normali cittadini, molti ci accusavano di mancanza di realismo. Adesso, purtroppo, i fatti ci danno ragione.

Sono venti anni che facciamo giornalismo così, senza subire le pressioni di nessun padrone o padrino, perché i nostri padroni e padrini siamo noi.

Venti anni di vita dedicati a tutte le persone che hanno ancora voglia di capire cosa c'è dietro alle manovre dei Grandi Pupari, locali o internazionali", che tengono in ostaggio la democrazia.

Cento di questi venti anni.

il manifesto
Vent'anni dalla parte del torto.

UNITED COLORS
OF BENETTON.

Cliente
BENETTON S.p.A.
Direttore creativo
OLIVIERO TOSCANI
Art director
OLIVIERO TOSCANI
Grafico
SALVATORE GREGORIETTI
Fotografo
OLIVIERO TOSCANI

Cliente
BAYER
Agenzia
McCANN ERICKSON
ITALIANA
Direttore creativo
JANE TRACY
Art director
CHIARA CALVI
Copywriter
PAOLO CHIABRANDO
Fotografo
EDDI KOHLI

Marco sta insieme a Rosa.

Via Magna Grecia, comunità alloggio Roma 1991.

Quella tra Marco e Rosa è solo una delle tante storie di amicizia e, perché no, d'amore nate tra gli anziani soli e abbandonati di questa città e alcuni degli 8.000 volontari della nostra Comunità. Giovani e meno giovani che ogni giorno, dopo aver lavorato per guadagnarsi da vivere, dedicano il loro tempo ad assistere i deboli, gli esclusi, i malati.

E a Roma c'è tanto da fare: basti pensare che gli anziani sono 600.000 e un terzo di loro vivono soli, con una pensione che gli concede un unico lusso: quello di sopravvivere.

Per difendere i loro diritti e la loro dignità abbiamo organizzato tante cose: l'assistenza a domicilio, le comunità alloggio, la presenza negli istituti di lungo-degenza e nelle case di riposo, i centri di accoglienza, le convivenze, le attività culturali e anche una raccolta di firme per non andare in istituto e rimanere a casa propria.

Ma non vogliamo fermarci qui. Per questo vi chiediamo un aiuto economico, anche piccolo. Farà stare meglio loro, farà sentire meglio voi.

A Roma 200.000 anziani vivono e soffrono soli. Aiutateci ad aiutarli.

COMUNITÀ DI S. EGIDIO

Cliente
COMUNITÀ DI
S. EGIDIO
Agenzia
SAATCHI & SAATCHI
ADVERTISING
Direttore creativo
GUIDO CORNARA
Art director
FABIO FERRI
Copywriter
STEFANO MARIA
PALOMBI
Fotografo
V. DE BERARDINIS
LJUBODRAG ANDRIC

Cliente
COMUNITÀ DI
S. EGIDIO
Agenzia
SAATCHI & SAATCHI
ADVERTISING
Direttore creativo
GUIDO CORNARA
Art director
FABIO FERRI
Copywriter
STEFANO MARIA
PALOMBI
Fotografo
V. DE BERARDINIS
LJUBODRAG ANDRIC

E i bambini come stanno?

Casal de' Pazzi, campo nomadi (Roma 1991).

I vostri probabilmente bene. Ma degli altri: gli orfani, gli handicappati, i nomadi, quelli ammalati di AIDS, gli adolescenti prigionieri del lavoro nero o di un istituto di pena, da quanto tempo non ve ne occupate?
Noi lo facciamo tutti i giorni. Solo qui a Roma siamo 8.000 volontari, e dopo aver lavorato per guadagnarci da vivere dedichiamo il nostro tempo ad assistere i più deboli.
E in città c'è tanto da fare: i bambini che vivono in stato d'abbandono o in famiglie disgregate, senza nessuna protezione da parte della società degli adulti, sono sempre di più.
Per difendere i loro diritti e la loro dignità la nostra Comunità organizza i centri d'emergenza, le scuole popolari, i corsi di animazione e socializzazione in istituto, le case-alloggio, l'educazione e l'assistenza sanitaria nelle famiglie, e tante altre cose ancora.
Ma tutto questo non basta. Per questo vi chiediamo un aiuto economico, anche piccolo. Farà stare meglio loro, farà sentire meglio voi.

A Roma 20.000 bambini vivono di niente. Aiutateci ad aiutarli.

COMUNITÀ DI S. EGIDIO

Stasera andiamo a cena fuori.

Bruno, stazione Termini (Roma 1991).

Saremo come al solito in buona compagnia: barboni, malati psichici, tossicodipendenti, alcolisti, immigrati, malati di AIDS. Uomini e donne emarginati perché incapaci di soddisfare ritmi e regole della società.

E' con loro che passiamo gran parte della nostra vita. Siamo 8.000 volontari e ogni giorno, dopo aver lavorato per guadagnarci da vivere, dedichiamo il nostro tempo ad assistere i più deboli.

E a Roma c'è tanto da fare: le persone escluse dal benessere, per le quali non esiste Stato sociale, si moltiplicano sempre di più.

Per difendere i loro diritti e la loro dignità la nostra Comunità organizza non solo tante cose importanti come la distribuzione di cibo sulle strade, i centri di accoglienza e di assistenza sociale, sanitaria e legale, le mense popolari, la diffusione di guide per sopravvivere in città, ma anche altre apparentemente futili come far recapitare a un amico barbone una lettera di buon compleanno.

Ma tutto questo non basta. Per questo vi chiediamo un aiuto economico, anche piccolo. Farà stare meglio loro, farà sentire meglio voi.

A Roma 60.000 persone vivono in povertà. Aiutateci ad aiutarli.

COMUNITA
DI S. EGIDIO

I versamenti possono essere effettuati su c/c bancario n. 2881 intestato alla Comunità di S. Egidio presso il Banco di Roma, Ag.6, via della Conciliazione 50, Roma, oppure su c/c postale n. 51539008 intestato a ACAP-Comunità di S. Egidio, piazza S. Egidio 3/a, 00153 Roma.

Cliente
BENETTON S.p.A.
Direttore creativo
OLIVIERO TOSCANI
Art director
OLIVIERO TOSCANI
Grafico
SALVATORE GREGORIETTI
Fotografo
OLIVIERO TOSCANI

UNITED COLORS
OF BENETTON.

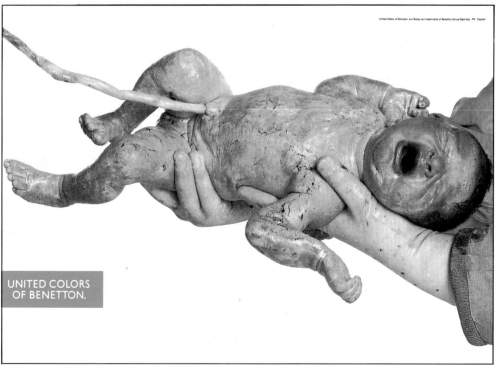

UNITED COLORS
OF BENETTON.

Cliente
BENETTON S.p.A.
Direttore creativo
OLIVIERO TOSCANI
Art director
OLIVIERO TOSCANI
Grafico
SALVATORE GREGORIETTI
Fotografo
OLIVIERO TOSCANI

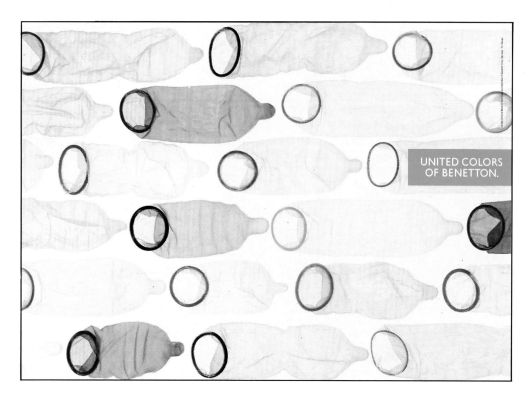

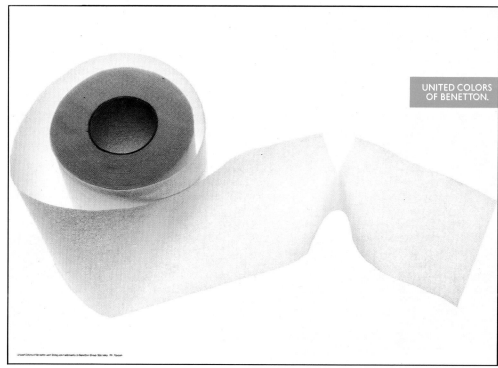

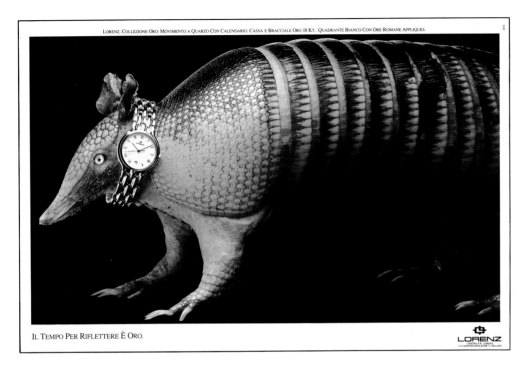

LORENZ, COLLEZIONE ORO: MOVIMENTO A QUARZO CON CALENDARIO, CASSA E BRACCIALE ORO 18 KT., QUADRANTE BIANCO CON ORE ROMANE APPLIQUES.

IL TEMPO PER RIFLETTERE È ORO.

LORENZ
CENTRO P.R. LORENZ
VIA MONTENAPOLEONE 12, MILANO

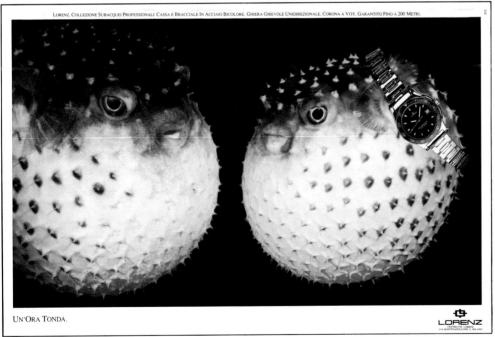

LORENZ, COLLEZIONE SUBACQUEI PROFESSIONALI: CASSA E BRACCIALE IN ACCIAIO BICOLORE, GHIERA GIREVOLE UNIDIREZIONALE, CORONA A VITE, GARANTITO FINO A 200 METRI.

UN'ORA TONDA.

LORENZ
CENTRO P.R. LORENZ
VIA MONTENAPOLEONE 12, MILANO

Cliente
LORENZ S.p.A.
Agenzia
STZ
Direttore creativo
FRITZ TSCHIRREN
Art director
FRITZ TSCHIRREN
Copywriter
MARCO FERRI
Fotografo
JEAN-PIERRE
MAURER

Cliente
LORENZ S.p.A.
Agenzia
STZ
Direttore creativo
FRITZ TSCHIRREN
Art director
FRITZ TSCHIRREN
Copywriter
MARCO FERRI
Fotografo
JEAN-PIERRE
MAURER

I migliori Car Audio si riconoscono lontano un miglio.

Cliente
ALPINE
Agenzia
UNIVERSAL
Direttore creativo
MAURO MARINARI
Art director
JOHNATAN PADFIELD
Copywriter
ALASDHAIR
MACGREGOR-HASTIE
Fotografo
JOHN CLARIDGE

Cliente
AUTOGERMA S.p.A.
Agenzia
VERBA DDB NEEDHAM
Direttore creativo
**GIANFRANCO
MARABELLI**
Art director
MARIANGELA STORTI
Copywriter
**GUGLIELMO
CASTELBARCO**
Agency producer
MARCO MORONI
Fotografo
HENRY TER HALL

Casa da gioco.

Immaginate un bambino che sta giocando sul divano, concentratevi sull'espressione felice che illumina il suo viso e su quella serenamente rilassata di una mamma mentre legge comodamente seduta. Ora pensate ad un padre riposato, con un sorriso che racconta la sua gioia di sentirsi a casa insieme alla famiglia.
Sembrerebbe un bel quadretto familiare, ma trattandosi di una Passat berlina è il bel ritratto di una famiglia in un interno.
Un interno molto spazioso, un comodo salotto su misura per grandi e piccoli viaggiatori, e con un bagagliaio che è una vera favola.
Bella da qualunque parte la guardiate, la Passat diventa splendida dal punto di vista dei consumi ed elegante grazie a una linea che ne fa risaltare la sua personalità, ma anche la vostra. Oggi la casa ha una nuova dimensione: quella di una berlina, quella di una Passat.

Passat
C'è da fidarsi.

Casa madre.

Lo stile rispecchiava la personalità di chi l'aveva costruita: era solida, elegante, poco appariscente all'esterno ma estremamente funzionale e comoda all'interno. La manutenzione era curata dai migliori tecnici che la controllavano periodicamente, così anno dopo anno risultava sempre un ottimo investimento per chi l'aveva comprata. Sembrerebbe una casa da sogno, ma trattandosi di una Passat è la realtà di tutti i giorni. La Passat infatti, prima di essere la berlina di famiglia, è una vera Volkswagen.

Questo vuol dire i materiali migliori per garantire una grande sicurezza anche nei momenti peggiori, soluzioni tecniche d'avanguardia, motori con tutti i cavalli in regola, un'assistenza capillare e ad alto livello.

Perchè Volkswagen, come tutte le madri, ha a cuore i propri figli e se ne occupa per tutta la vita. Oggi la casa ha una nuova dimensione: quella di una berlina, quella di una Passat.

Passat
C'è da fidarsi.

Bau haus.

Da lontano la prima sensazione era di estrema compattezza, poi a poco a poco apparivano le linee essenziali e originali che ne descrivevano i quattro lati. Attraverso le luminose vetrate si scorgeva un interno comodo e accogliente, arredato con gusto.

Si capiva subito che ogni cosa era stata pensata fin nei minimi dettagli e che il progetto aveva premiato un'eleganza discreta, ma non per questo meno esclusiva. Potrebbe essere il ritratto di una bella casa, ma invece, scusate l'immodestia, è il bel ritratto di una Passat.

Una berlina dove l'eleganza traspare dalle linee molto aerodinamiche, viene sottolineata dalla parte frontale abbassata, senza la griglia del radiatore, e si esalta negli interni raffinati e con una classe innata, all'altezza di quella dei passeggeri.

Oggi la casa ha una nuova dimensione: quella di una berlina, quella di una Passat.

Passat
C'è da fidarsi.

Cliente
NESTLÉ
Agenzia
UNIVERSAL
Direttore creativo
MAURO MARINARI
Art director
CHIARA CALVI
Copywriter
PAOLO CHIABRANDO
Fotografo
GAETANO CREMONINI

Pollo, carote, granoturco, verdure e frumento. Chissà che faccia farà il vostro cane.

Forse sgranerà gli occhi, di sicuro si lecckerà i baffi: cinque nuovi gusti non capitano tutti i giorni. Ma le nuove crocchette Friskies non sono solo buone. Sono anche, e soprattutto, nutrienti. Nate per offrire un'alimentazione completa e equilibrata. Ricche di tutti gli elementi indispensabili per mantenere il tuo migliore amico in perfetta forma. Vitamine, proteine, sali minerali, fibre vegetali, glucidi e lipidi. Un modo come un altro per dire pelo morbido, denti sani, muscoli forti, vista aguzza, digestione facile e energia da vendere. Scegli le nuove crocchette Friskies, poi guarda in faccia il tuo cane. Se potesse parlarti, ti abbaierebbe che hai fatto bene.

FRISKIES CANE. UNA VITA BEN NUTRITA.

Antipasto.

Primo.

Secondo.

Contorno.

Dessert.

Non c'è bisogno di chiedere il conto o lasciare la mancia. Da oggi per offrire un pranzo coi fiocchi al tuo migliore amico basta aprire un sacchetto di crocchette Friskies e versarne un po' dentro una ciotola. Ci sono crocchette di pollo, carote, granoturco, verdure e frumento. Croccanti, gustose e nutrienti. Nate per offrire un'alimentazione completa e equilibrata. In ognuna ci sono tutti gli elementi indispensabili per mantenere il tuo migliore amico in perfetta forma. Vitamine, proteine, sali minerali, fibre vegetali, glucidi e lipidi. Un modo come un altro per dire pelo morbido, denti sani, muscoli forti, vista aguzza, digestione facile e energia da vendere. Scegli le nuove crocchette Friskies. Se il tuo cane potesse parlarti, ti abbaierebbe che hai fatto bene.

FRISKIES CANE. UNA VITA BEN NUTRITA.

Cliente
BASSANI TICINO
Agenzia
ALBERTO CREMONA
Direttore creativo
**ALESSANDRO PETRINI
PINO PILLA**
Art director
**GIORGIO BELLOTTO
ALESSANDRO PETRINI**
Copywriter
PINO PILLA
Grafico
SALVATORE SOLDANO
Fotografo
**JACOPO CIMA
CESARE MONTI**

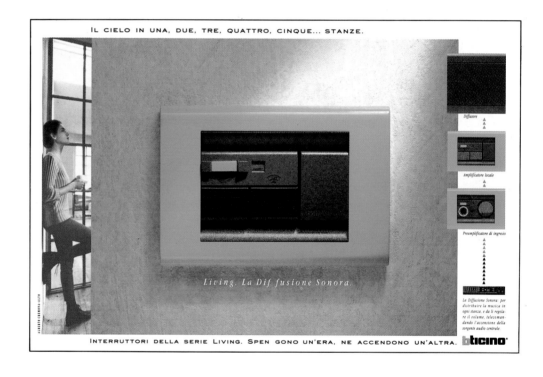

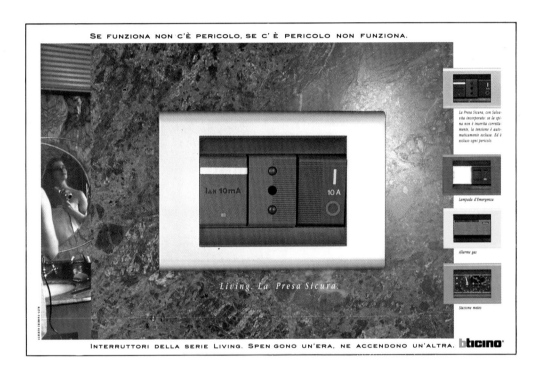

SE FUNZIONA NON C'È PERICOLO, SE C'È PERICOLO NON FUNZIONA.

Living. La Presa Sicura.

La Presa Sicura, con Salvavita incorporato: se la spina non è inserita correttamente, la tensione è automaticamente esclusa. Ed è escluso ogni pericolo.

Lampada d'Emergenza

Allarme gas

Stazione meteo

INTERRUTTORI DELLA SERIE LIVING. SPENGONO UN'ERA, NE ACCENDONO UN'ALTRA. **bticino**

Cliente
J. WALTER THOMPSON
Agenzia
J. WALTER THOMPSON
Direttore creativo
DANIELE CIMA
Art director
LUCA MARONI
Copywriter
ENRICO CHIARUGI

La pubblicità
in Italia è quel che è.
Ed è anche colpa
della J. Walter
Thompson.

Lo dicono i sociologi, i ricercatori, i critici, i giornalisti, i risultati dei festival internazionali e gli utenti della pubblicità. E se lo dicono in privato l'un l'altro anche i pubblicitari. *E ciò che è peggio è* che ormai lo pensano anche i consumatori che si difendono dagli spot più noiosi usando il telecomando. *La J. Walter Thompson* concorda con la tesi che la pubblicità italiana è un po' così-così e, come una delle più importanti agenzie italiane, si assume la sua parte di responsabilità. Fra campagne stampa, film, annunci radio e manifesti degli ultimi quarant'anni c'erano pure i nostri. *Qualcuno era certamente brillante*, originale, intelligente, tale da non sfigurare nelle più importanti competizioni internazionali. Molti altri invece, riconosciamolo, erano così-così. *Così oggi siamo felici di dire* (ed è un'importante conquista psicologica) di non essere soddisfatti di noi stessi. Per questo stiamo lavorando come dannati per migliorare la nostra area del così-così e per fare in modo che certe punte di eccezionalità possano diventare più facilmente una normalità. *I risultati?* Noi pensiamo di vederli fin dai prossimi mesi. Come abbiamo fatto? Abbiamo prima di tutto cercato di cambiare mentalità, diventando molto autocritici. Abbiamo perfezionato i reparti dell'agenzia e, avendo coscienza che per fare una buona campagna ci vuole una buona strategia, una grande creatività e una perfetta produzione, abbiamo incominciato fin dallo scorso anno a lavorare sui reparti di planning strategico, creativo e produzione TV e stampa, cercando di mettere gli uomini giusti al posto giusto. Inoltre abbiamo spostato più in su i nostri obbiettivi, aumentato le nostre ambizioni e investito per tutto questo parecchi soldi. Siamo quasi a punto, forse, anzi, lo siamo già e, per dimostrarvelo, abbiamo qui pronta una videocassetta che contiene le nostre ultime produzioni televisive delle quali - va detto - siamo piuttosto orgogliosi. *Quindi, chi fosse interessato* a migliorare la pubblicità italiana migliorando la propria, può cominciare telefonandoci al 77981 di Milano oppure al 592.37.10 di Roma e fissare un appuntamento per visionarla. E solo dopo che lo avremo convinto coi fatti, deciderà sul da farsi.

J. Walter Thompson

Il mondo grande lo fanno gli scontenti.

J. WALTER THOMPSON ITALIA S.P.A. VIA DURINI 28 20122 MILANO   TEL 77981   FAX 782507 . VIA SIERRA NEVADA 108 . 00144 ROMA   TEL 592.37.10   FAX 592.14.81

Cliente
J. WALTER THOMPSON
Agenzia
J. WALTER THOMPSON
Direttore creativo
DANIELE CIMA
Art director
PIERO ABBRUZZO
Copywriter
ANNA MONTEFUSCO
DANIELE CIMA
Fotografo
ADRIAN HAMILTON

Cliente
INCENTIVE
Agenzia
REGGIO DEL BRAVO
PUBBLICITÀ s.r.l.
Art director
AGOSTINO REGGIO
Copywriter
PAOLO DEL BRAVO
Grafico
LEANDRO CASINI
Fotografo
VALERIO
DE BERARDINIS

Perché gli italiani non scopano più come una volta?

Compact Alfatec:
per il salone,
la camera da letto,
la stanza degli ospiti
e lo studio.
Per moquette, parquet,
cotto e ceramica.
Conforme alle
norme CEI.

Bidone Aspiratutto Alfatec:
per la prima e
la seconda casa,
per il negozio e l'ufficio,
per la tappezzeria dell'auto
e il ponte della barca.
Ha il Marchio IMQ,
e l'aspirapolvere più
famoso d'Italia.

Scopatutto Alfatec:
per i pavimenti
di tutto l'appartamento,
le scale e i balconi.
Sotto il letto
e dietro gli armadi.
Marchio IMQ.

Perché Alfatec vende tanti aspirapolvere. alfatec
Solo aspirapolvere.

Cliente
ALFATEC S.p.A.
Agenzia
STZ
Direttore crativo
FRITZ TSCHIRREN
Art director
FRITZ TSCHIRREN
PAOLA CASARI
Copywriter
MARCO FERRI
Fotografo
JEAN-PIERRE
MAURER

Cliente
KURDISH CULTURAL CENTER
Agenzia
CANARD ADVERTISING
Direttore creativo
**EMILIO HAIMANN
MARCO RAVANETTI**
Art director
MARCO RAVANETTI
Copywriter
EMILIO HAIMANN
Fotografo
**G. NERI (archivio)
TOM STODDART**

Guarda bene questa foto.
Poi abbassa gli occhi.

Mentre tu stai leggendo questo annuncio - proprio in questo preciso momento - quasi 2 milioni di Curdi, fra cui donne, vecchi e bambini, sono intrappolati sulle alture dei monti Zagros.

Non hanno cibo, non hanno vestiti, non hanno riparo. E senza il tuo aiuto moriranno.

Sono scappati dalla furia di Saddam Hussein, esplosa poco dopo il cessate il fuoco della Guerra del Golfo. Sono fuggiti portando con sé solo ciò che riuscivano a stringere fra le proprie braccia. In molti casi si trattava di un figlio, un bambino piccolo.

Ora sarà un miracolo se quel bambino sopravvivrà, perché ogni giorno duecento persone, fra i Curdi scampati ai bombardamenti, muoiono di stenti.

Quel miracolo potresti essere tu. Solo tu - con una tua offerta in denaro - puoi aiutarci, perché i finanziamenti promessi dai governi che ci sostengono non sono a tutt'oggi sufficienti.

E noi del Centro Culturale Curdo non abbiamo più nulla, neanche i soldi per pagare la pubblicazione dell'annuncio che stai leggendo.

Per favore, dimostra a tutto il mondo che l'umanità esiste ancora, manda una tua offerta. Puoi farlo usando il tagliando che trovi su questa pagina. Ogni donazione, appena arriverà, sarà immediatamente inviata nel Kurdistan.

Se ancora non fossi convinto, alza gli occhi e guarda di nuovo la fotografia che vedi qui sopra.

Vale più di mille parole.

Cliente
CO.PR.A.
Agenzia
PIRELLA GÖETTSCHE
LOWE S.p.A.
Direttore creativo
EMANUELE PIRELLA
Art director
MICHELE GÖETTSCHE
E. M. RADAELLI
Copywriter
EMANUELE PIRELLA
Fotografo
CHICO BIALAS

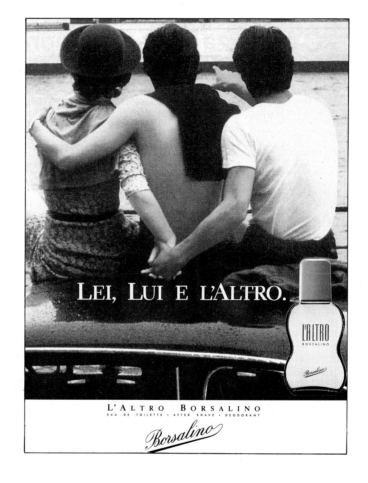

solo da morire

Quando ''non c'è più nulla da fare''. Quando non si discute più la cartella clinica, il malato terminale di cancro viene abbandonato al suo destino. L'ospedale non ha spazio per una persona inguaribile.

Contro questa triste realtà è nato ''l'Ospedale in casa'', un servizio domiciliare costante che VIDAS offre ai malati terminali di cancro più poveri e soli.

È gratuito per i sofferenti ma assai costoso per VIDAS, perché fornisce una completa assistenza medica e infermieristica integrata dall'opera disinteressata di oltre 300 volontari. VIDAS riceve le segnalazioni dei casi più gravi dai Centri Oncologici Ospedalieri, dalle Ussl e dai Servizi Comunali per l'Assistenza Domiciliare agli Anziani. Se desiderate aiutare queste persone sole da morire inviate un vostro contributo a VIDAS (via Giovanni Morelli, 4 - 20129 Milano) oppure fate un versamento sul c/c postale n. 23128200

VIDAS

VIDAS ASSISTE I MALATI TERMINALI DI CANCRO SOLI.

Cliente
V.I.D.A.S.
Agenzia
R.S.C.G.
Direttore creativo
MARCO MIGNANI
Art director
SILVIA BORETTI
Copywriter
EMANUELE PROFUMO
Fotografo
SIMONE CASETTA

Cliente
ZANUSSI
Agenzia
PIRELLA GÖETTSCHE
LOWE S.p.A.
Art director
MARISA AGRESTI
Copywriter
EMANUELE PIRELLA
Fotografo
JOHN TURNER

Castor ci sta.

In bagno non c'è spazio per i compromessi. E su questo la lavabiancheria Castor 42 ha una posizione molto precisa: a filo del muro. Profonda infatti quarantadue centimetri effettivi, trova posto ovunque grazie ad un design intelligente.

Piccola nella forma, Castor 42 è grande nel contenuto: 5 Kg.* a pieno carico. E in soli quarantadue centimetri i 14 programmi, i 500 giri al minuto, il termostato regolabile, la vasca inox e la possibilità di impostare il mezzo carico o escludere la centrifuga danno al bucato una nuova dimensione.

Castor 42. Sta dappertutto, ma soprattutto sta dalla vostra parte. **Meno spazio, pieno carico.**

Vent'anni dalla parte del torto.

il manifesto

Non sparare

Perché sempre più gente legge "il manifesto"? Boh.
Non sappiamo che da 20 anni, dal 1971, cerchiamo di stampare un quotidiano che abbia sempre un sapore diverso dalla solita marmellata mass-mediologica, tentando una lettura della realtà libera dalle nebulose influenze del Palazzo più corrotto d'Europa, e dei Palazzi di tutto il mondo.

Questo, probabilmente, viene apprezzato anche dai nostri nuovi lettori, che non sono necessariamente comunisti, ma appartengono alla più ampia categoria delle persone che sanno ancora pensare. Piace invece molto meno al Palazzo e ai relativi inquilini, che non perdono occasione per tirarci olio bollente dalle loro medioevali finestre.

Lo fanno adesso, in occasione della stupida e catastrofica guerra del Golfo, accusandoci di parteggiare per Saddam Hussein, quando scrivemmo già molto tempo fa, in splendida solitudine, che il dittatore iracheno era un uomo pericoloso e che vendergli armi era cosa assolutamente delinquenziale. Lo hanno fatto negli anni passati, quando denunciavamo le stragi di stato, o i rapporti tra mafia e politica, o la tendenza al monopolio nell'informazione, o l'assurda legge contro i tossicodipendenti, o le responsabilità della DC nel caso Gladio.

Noi non ci preoccupiamo troppo di loro, e speriamo di poter continuare a fare un giornale senza padroni per almeno altri vent'anni. Tanto poi sono i fatti (e i lettori), a darci ragione.

Cliente
IL MANIFESTO
Agenzia
FCA/SBP
Direttore creativo
LELE PANZERI
Art director
LELE PANZERI
Copywriter
SANDRO BALDONI

99

Cliente
AVERNA
Agenzia
**YOUNG & RUBICAM
ITALIA S.p.A.**
Direttore creativo
GAVINO SANNA
Art director
ROBERTO CONTI
Copywriter
DANIELE RAVENNA
Fotografo
RAFFAELLO BRÀ

Ex-Appeal.

AMARO AVERNA

Uso per ferie.

AMARO AVERNA

Bevetelo con ghiaccio,
Averna non si offende.

AMARO AVERNA

Residenza estiva.

AMARO AVERNA

Cliente
PELLETTERIA IL
PONTE srl
Agenzia
STZ
Direttore creativo
FRITZ TSCHIRREN
Art director
FRITZ TSCHIRREN
PAOLA CASARI
Copywriter
MARCO FERRI
Fotografo
JEAN-PIERRE
MAURER

Quello che può sfuggire anche a un occhio esperto.

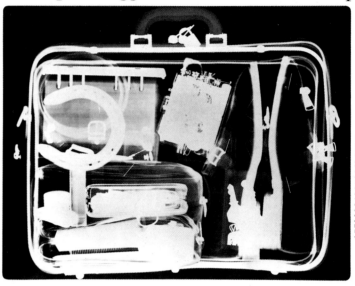

Chi cerca la bomba, rischia di non vedere il cuoio. Questa è pelle pregiata, accuratamente selezionata dal collo dei migliori capi, poi a lungo lavorata, conciata con tannino di castagno, patinata a mano e lucidata con rulli d'ambra.
Infine, tagliata e cucita a punti marcati, e con l'aggiunta degli accessori originali, la pelle diventa una borsa, un paio di scarpe, un portachiavi, un astuccio portasigari, un'agenda, un nécessaire, una cintura e un'infinità di altri capi di pelletteria di ottima qualità.
La stessa del campioncino che vi mostriamo qui sotto.

The Bridge, Firenze.

Come riconoscere una autentica borsa The Bridge.

Il tafano lo sa. È pelle pregiata, accuratamente selezionata dal collo dei migliori capi bovini. È stata a lungo lavorata a mano, conciata con tannino di castagno, patinata a mano e lucidata con rulli d'ambra. È stata tagliata a mano, cucita a punti marcati e abbellita con accessori di ottone massiccio.
L'ultima operazione è stata la posa del marchio The Bridge. Ma il bello è ancora da venire: il tempo.
Una borsa The Bridge appena nata non avrà mai lo stesso fascino di una borsa The Bridge con molta esperienza. Questo i tafani se lo tramandano.

The Bridge, Firenze.

Si diventa senatori soltanto a una certa età.

In principio la borsa della fotografia era una pregiata pelle di mucca: pregiata perché pelle del collo della mucca.

La pelle era stata a lungo lavorata a mano con pazienza.

Conciata con tannino di castagno, patinata a mano e lucidata con rulli d'ambra, la pelle fu poi tagliata, cucita a punti marcati sugli angoli e infine le furono aggiunti attacchi, fibbie e chiusure originali.

È passato molto tempo. Come è per gli uomini, così è per il cuoio: migliora quando si fa vissuto, maturo, insomma con una storia da raccontare.

Il marchio The Bridge lo troverete solo su quelle borse che migliorano invecchiando.

The Bridge, Firenze.

Cliente
TELERIE ZUCCHI
Agenzia
CANARD
ADVERTISING
Direttore creativo
EMILIO HAIMANN
MARCO RAVANETTI
Art director
FLAVIO FUMAGALLI
Copywriter
ELIO BRONZINO
Fotografo
DOMINIQUE LAUGE'

Zucchi Collection. Nelle più belle case d'Europa, dal 1990 in poi.

C'è una bella differenza tra "biancheria per la casa" e "tessuti per abitare la casa". Basta osservare i capi Zucchi Collection dedicati alla zona pranza e al soggiorno. Maxifoulard, maxifoulard plaid, table habillée, tovaglie e tovaglioli jacquard rivelano subito uno spiccato accento arredativo. È un pregio raro, una grande eredità donata dagli antichi blocchi da stampa *gelosamente custoditi alla Zucchi Collection. Concepiti per uscire dalle mode ed entrare nel tempo, questi tessuti possono abitare in appartamenti classici o moderni, di città o di campagna. Ovunque sia la casa il buon gusto.*

Zucchi Collection
Tessuti per Abitare

Zucchi Collection. I migliori stilisti d'Europa, dal 1785 al 1935.

I vostri occhi stanno ammirando la più bella storia che sia mai stata narrata dalla cultura tessile europea, nell'arco di oltre due secoli. Una storia incisa su 56.000 blocchi per stampa a mano su tessuto, la selezione più severa della creatività dei migliori stilisti e dell'abilità dei migliori artigiani. Da questi stampi nascono preziosi disegni: classici, floreali, *cashmere, Art Nouveau, Art Decò. I blocchi sono stati raccolti, numerati e amati da persone che apprezzano la cultura della qualità. Ora rivivono in un museo, in Italia. All'ingresso c'è un nome: "Zucchi Collection".*

Zucchi Collection
Tessuti per Abitare

Cliente
SITIA YOMO
Agenzia
J.WALTER THOMPSON
Direttore creativo
DANIELE CIMA
Art director
LUCA MARONI
Copywriter
BEPPE VIOLA
Fotografo
MICHAEL WILLIAMS

Cliente
PAESE SERA
Agenzia
ESSEFFE
Art director
FABIO FERRI
Copywriter
STEFANO MARIA
PALOMBI

TUTTA ROMA E' PAESE.

Ogni giorno, dal 7 maggio, informazioni, curiosità, sport e spettacolo della tua città.

FATECE LARGO CHE PASSATE VOI.

Ogni giorno, dal 7 maggio, precedenza assoluta ai problemi e ai desideri dei romani.

ER PIOTTA SFIDA GIGGI ER MATTO.

(TUTTI I PARTICOLARI IN CRONACA)

Ogni giorno, dal 7 maggio, 9 pagine di cronaca nera, bianca e rosa.

VOX POPULI.

Ogni giorno, dal 7 maggio, il mondo del lavoro e quello della scuola si confrontano con le istituzioni.

Cliente
SISAL S.p.A.
Agenzia
STZ
Direttore creativo
FRITZ TSCHIRREN
Art director
FRITZ TSCHIRREN
Copywriter
MARCO FERRI
Fotografo
JEAN-PIERRE
MAURER

Modello Tiffany, serie numerata, limitata per l'Italia a 860 esemplari, cm 170x240, in pura lana vergine 100%. Disponibile solo presso i punti vendita autorizzati Sisal. Per informazioni, telefonare allo 0523/41200.

Il tappeto Sisal rende la casa più bella e accogliente.

SISAL
Sisal. Il tappeto occidentale.

Modello Arcadia, serie numerata, limitata per l'Italia a 860 esemplari, cm 170x240, in pura lana vergine 100%. Disponibile solo presso i punti vendita autorizzati Sisal. Per informazioni, telefonare allo 0523/41200.

Il tappeto Sisal rende la casa più bella e accogliente.

SISAL
Sisal. Il tappeto occidentale.

Modello Merite, serie numerata, limitata per l'Italia a 860 esemplari, cm 170x240, in pura lana vergine 100%. Disponibile solo presso i punti vendita autorizzati Sisal. Per informazioni, telefonare allo 0523/41200.

Il tappeto Sisal rende la casa più bella e accogliente.

SISAL
Sisal. Il tappeto occidentale.

Modello Ouverture, serie numerata, limitata per l'Italia a 860 esemplari, cm 170x240, in pura lana vergine 100%. Disponibile solo presso i punti vendita autorizzati Sisal. Per informazioni, telefonare allo 0523/41200.

Il tappeto Sisal rende la casa più bella e accogliente.

SISAL
Sisal. Il tappeto occidentale.

STAMPA QUOTIDIANA

Presidente:
LELE PANZERI

Segretario:
MAURO MARINARI

BIANCA ALLEVI
PASQUALE BARBELLA
ALESSANDRA BRIANTI
MAURIZIO D'ADDA
MAURIZIO DAL BORGO
ROBERTO FIAMENGHI
ROBERTO FIORE
ENZA FOSSATI
PIETRO MAESTRI
ARTURO MASSARI
ANTONIO MELE
DANIELE RAVENNA
UMBERTO SAVOIA
FRANCESCO SIMONETTI

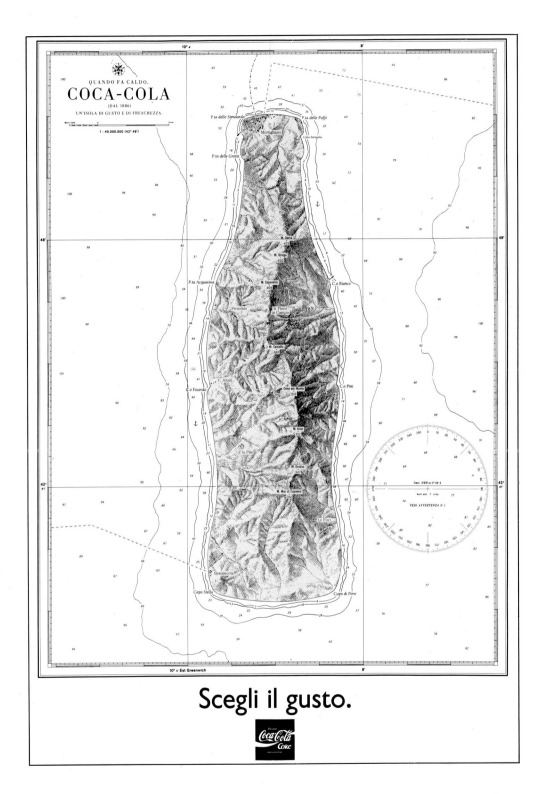

Cliente
COCA COLA COMPANY
Agenzia
**McCANN
ERICKSON ITALIANA**
Direttore creativo
FRANCO MORETTI
Art director
STEFANO COLOMBO
Copywriter
FABRIZIO RUSSO
Grafico
STEFANO COLOMBO
Fotografo
REPERTORIO

Scegli il gusto.

Cliente
COCA COLA COMPANY
Agenzia
McCANN
ERICKSON ITALIANA
Direttore creativo
FRANCO MORETTI
Art director
STEFANO COLOMBO
Copywriter
FABRIZIO RUSSO
Grafico
STEFANO COLOMBO
Fotografo
REPERTORIO

E all'improvviso, il fresco.

Scegli il gusto.

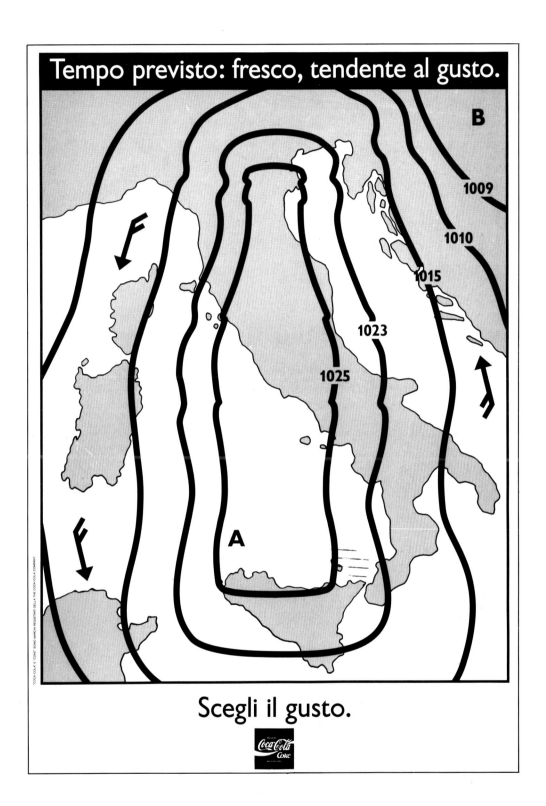

Tempo previsto: fresco, tendente al gusto.

Scegli il gusto.

IL SUO VERO CAPO È QUELLO CHE PORTA SUL COLLO.

Il capo è prima di tutto la propria testa. Sta lì, sul collo, ed ha idee, fantasie, desideri. Quando questi si possono realizzare, la testa è dritta e pensante.

Quando vengono frustrati o negati, la testa è penzolante.

Domanda: è più utile a un'azienda una testa pensante o una penzolante? E c'è modo per far sì che una testa penzolante diventi dritta e pensante? Le risposte sono sì: sì, meglio una testa pensante e sì, il modo c'è.

Bisogna però partire da ciò che nella testa sta, dai sogni e dalle aspirazioni che qui frullano.

Ricordiamoci che l'uomo, vero patrimonio di un'azienda, per fare bene ha bisogno di motivi. È la realizzazione di sé è il motivo dei motivi: basta essere umani per saperlo.

Di questo ci occupiamo all'Incentive. Di tecniche di incentivazione e di motivazione umana, cioè di come muovere gli uomini che fanno muovere i prodotti.

È un lavoro che facciamo da vent'anni

informando, formando, addestrando e motivando nel profondo uomini a tutti i livelli, dentro e fuori l'azienda, dalla produzione alla distribuzione.

L'obiettivo è sempre quello: fornire ragioni per far funzionare meglio il capo.

Quello sul collo, beninteso.

INCENTIVE SpA
IL CAPITALE UMANO

Cliente
INCENTIVE
Agenzia
**REGGIO DEL BRAVO
PUBBLICITÀ s.r.l.**
Art director
AGOSTINO REGGIO
Copywriter
PAOLO DEL BRAVO
Grafico
LEANDRO CASINI
Fotografo
**VALERIO
DE BERARDINIS**

Cliente
INCENTIVE
Agenzia
REGGIO DEL BRAVO
PUBBLICITÀ s.r.l.
Art director
AGOSTINO REGGIO
Copywriter
PAOLO DEL BRAVO
Grafico
LEANDRO CASINI
Fotografo
VALERIO
DE BERARDINIS

SUCCEDE SPESSO: IL CERVELLO COMINCIA A LAVORARE APPENA SI SVEGLIA AL MATTINO, E SI FERMA APPENA ARRIVA IN UFFICIO.

Il lavoro è la maledizione della classe dei bevitori, scrisse Oscar Wilde. In realtà, sembra essere la maledizione dell'intero genere umano.

Parlano le statistiche: l'uomo mette nel lavoro solo il 25% della propria abilità e delle proprie energie.

Domanda: colpa dell'uomo o del lavoro? Poiché ogni essere umano è capace di una applicazione molto maggiore, qualcuno dirà: colpa dell'uomo.

Conoscendo invece l'uomo dal di dentro, sapendo che egli considera il lavoro non come strumento di sopravvivenza, ma come canale principale dell'espressione della propria personalità, non si può che dire: colpa del lavoro.

Anzi, di un'organizzazione del lavoro che poco o nulla concede ai desideri e alle aspirazioni di quel delicato e sensibile ingranaggio che costituisce il vero patrimonio di un'azienda: l'essere umano.

È dunque dall'essere umano che bisogna ripartire, ed è di lui che ci occupiamo alla Incentive: di tecniche di incentivazione e di motivazione umana, cioè di come muovere gli uomini che fanno muovere i prodotti.

È un lavoro che facciamo da vent'anni informando, formando, addestrando e motivando nel profondo uomini a tutti i livelli, dentro e fuori l'azienda, dalla produzione alla distribuzione.

Un lavoro che facciamo con successo: non a caso siamo leader nell'incentivazione.

E non a caso ci chiamiamo Incentive.

INCENTIVE SpA
IL CAPITALE UMANO

LEVATE A UN UOMO LE FANTASIE CHE HA IN TESTA. OTTERRETE UN ENCEFALOGRAMMA PIATTO.

Piaccia o no, quello che succede nella vita succede nel lavoro. Nella vita ci sono i doveri. E questi, certamente, ci sono nel lavoro. Nella vita, però, c'è fantasia. E questa, magari repressa, c'è anche nel lavoro.

Nella vita ci sono i desideri. E questi, magari frustrati, ci sono anche nel lavoro. Nella vita ci sono aspirazioni. E queste, magari negate, ci sono nel lavoro.

Domanda: perché il lavoro nega aspirazioni, fantasie, desideri?

Perché non li promuove, invece, dato che l'essere umano considera il lavoro non più come strumento di mera sopravvivenza, ma come canale principale dell'espressione della propria personalità? Ricordiamo che l'uomo, per fare bene, ha bisogno di motivi. E la realizzazione di sé è il motivo dei motivi: basta essere umani per saperlo. Di questo ci occupiamo all'Incentive. Di tecniche di incentivazione umana, cioè di come muovere gli uomini che fanno muovere i prodotti.

È un lavoro che facciamo da vent'anni informando, formando, addestrando e motivando nel profondo uomini a tutti i livelli, dentro e fuori l'azienda, dalla produzione alla distribuzione.

L'obiettivo è sempre quello: fornire ragioni per dare il meglio di sé.

INCENTIVE SpA
IL CAPITALE UMANO

122

QUALE PENSATE CHE SIA L'ASPIRAZIONE DEI VOSTRI UOMINI: DIVENTARE CONDOTTIERI O GALOPPINI?

Cos'è il lavoro? È la maledizione della classe dei bevitori, come scrisse Oscar Wilde?

È un modo per guadagnarsi da vivere? Un modo per tenersi occupati? L'espressione di un innato istinto masochista?

O non è, piuttosto, un modo possibile per esprimere la propria personalità e soddisfare le proprie aspirazioni? Le ricerche e il buon senso ci fanno propendere per quest'ultima ipotesi.

Se è così, bisogna allora che il lavoro consenta alla personalità di esprimersi e alle aspirazioni di essere soddisfatte. Solo così l'uomo sarà disposto a dare il meglio: perché avrà un motivo, anzi il motivo dei motivi: la realizzazione di sé.

È di questo che ci occupiamo all'Incentive: di tecniche di incentivazione e di motivazione umana, cioè di come muovere gli uomini che fanno muovere i prodotti, tenendo conto dei loro desideri.

È un lavoro che facciamo da vent'anni informando, formando, addestrando e motivando nel profondo uomini a tutti i livelli, dentro e fuori l'azienda, dalla produzione alla distribuzione.

Un lavoro che facciamo con successo: non a caso siamo leader nell'incentivazione.

E non a caso ci chiamiamo Incentive.

INCENTIVE SpA
IL CAPITALE UMANO

INCENTIVE S.P.A. ROMA • LE LIEGI 33, TEL 06/8540141 MILANO • VIA BRERA 24/4, TEL 02/8034836

COME SI SPENGE UN'AZIENDA.

Quando i principi gerarchici prevalgono, sempre e comunque, su creatività e buon senso, si spengono gli entusiasmi. E spesso si spengono anche le aziende.

Il risultato è il buio pesto, dove tanti yes-men vagano come fantasmi, senza sapere perché e verso che. Per un'azienda così, nemmeno l'Incentive può fare qualcosa. Quando a prevalere sono invece creatività e buon senso, gli entusiasmi si accendono, e desideri e fantasie diventano realtà.

Perché gli uomini sanno cosa fare e dove andare, hanno obiettivi e buoni motivi per raggiungerli.

Per un'azienda così, l'Incentive può fare molto. Può contribuire, con la sua esperienza ventennale, a informare, formare, addestrare e motivare nel profondo uomini a tutti i livelli, dentro e fuori l'azienda, dalla produzione alla distribuzione.

Può aiutare a far muovere sempre meglio chi fa muovere i prodotti, tenendo conto dei suoi desideri, delle sue fantasie e aspirazioni.

La filosofia è sempre una, semplice: l'uomo, il patrimonio più importante di un'azienda, per far bene ha bisogno di motivi.

E la realizzazione di sé è il motivo dei motivi: basta uomini, per saperlo. Formare ragioni all'uomo per dare il meglio di sé è dunque il nostro mestiere. Lo facciamo con successo: non a caso siamo leader nell'incentivazione.

E non a caso ci chiamiamo Incentive.

INCENTIVE SpA
IL CAPITALE UMANO

FCA/SBP

Vent'anni dalla parte del torto.

Perché sempre più gente legge "il manifesto"? Boh. Noi sappiamo che da 20 anni, dal 1971, cerchiamo di stampare un quotidiano che abbia sempre un sapore diverso dalla solita marmellata mass-mediologica, tentando una lettura della realtà libera dalle nebulose influenze del Palazzo più corrotto d'Europa, e dei Palazzi di tutto il mondo.

Questo, probabilmente, viene apprezzato anche dai nostri nuovi lettori, che non sono necessariamente comunisti, ma appartengono alla più ampia categoria delle persone che sanno ancora pensare. Piace invece molto meno al Palazzo e ai relativi inquilini, che non perdono occasione per tirarci olio bollente dalle loro medioevali finestre.

Lo fanno adesso, in occasione della stupida e catastrofica guerra del Golfo, accusandoci di parteggiare per Saddam Hussein, quando noi scrivemmo già molto tempo fa, in splendida solitudine, che il dittatore iracheno era un uomo pericoloso e che vendergli armi era cosa assolutamente delinquenziale.

Lo hanno fatto negli anni passati, quando denunciavamo le stragi di stato, o i rapporti tra mafia e politica, o la tendenza al monopolio nell'informazione, o l'assurda legge contro i tossicodipendenti, o le responsabilità della DC nel caso Gladio.

Noi non ci preoccupiamo troppo di loro, e speriamo di poter continuare a fare un giornale senza padroni per almeno altri vent'anni. Tanto poi sono i fatti (e i lettori), a darci ragione.

il manifesto

quotidiano comunista

Non sparare

Cliente
IL MANIFESTO
Agenzia
FCA/SBP
Direttore creativo
LELE PANZERI
Art director
LELE PANZERI
Copywriter
SANDRO BALDONI

125

E i bambini come stanno?

Casal de' Pazzi, campo nomadi (Roma 1991).

I vostri probabilmente bene. Ma degli altri: gli orfani, gli handicappati, i nomadi, quelli ammalati di AIDS, gli adolescenti prigionieri del lavoro nero o di un istituto di pena, da quanto tempo non ve ne occupate?

Noi lo facciamo tutti i giorni. Solo qui a Roma siamo 8.000 volontari, e dopo aver lavorato per guadagnarci da vivere dedichiamo il nostro tempo ad assistere i più deboli.

E in città c'è tanto da fare: i bambini che vivono in stato d'abbandono o in famiglie disgregate, senza nessuna protezione da parte della società degli adulti, sono sempre di più.

Per difendere i loro diritti e la loro dignità la nostra Comunità organizza i centri d'emergenza, le scuole popolari, i corsi di animazione e socializzazione in istituto, le case-alloggio, l'educazione e l'assistenza sanitaria nelle famiglie, e tante altre cose ancora.

Ma tutto questo non basta. Per questo vi chiediamo un aiuto economico, anche piccolo. Farà stare meglio loro, farà sentire meglio voi.

A Roma 20.000 bambini vivono di niente. Aiutateci ad aiutarli.

COMUNITA DI S.EGIDIO

Cliente
COMUNITÀ DI
S. EGIDIO
Agenzia
SAATCHI & SAATCHI
ADVERTISING
Direttore creativo
GUIDO CORNARA
Art director
FABIO FERRI
Copywriter
STEFANO MARIA
PALOMBI
Fotografo
V. DE BERARDINIS
LJUBODRAG ANDRIC

Cliente
COMUNITÀ DI
S. EGIDIO
Agenzia
SAATCHI & SAATCHI
ADVERTISING
Direttore creativo
GUIDO CORNARA
Art director
FABIO FERRI
Copywriter
STEFANO MARIA
PALOMBI
Fotografo
V. DE BERARDINIS
LJUBODRAG ANDRIC

Stasera andiamo a cena fuori.

Bruno, stazione Termini (Roma 1991).

Saremo come al solito in buona compagnia: barboni, malati psichici, tossicodipendenti, alcolisti, immigrati, malati di AIDS. Uomini e donne emarginati perché incapaci di soddisfare ritmi e regole della società.
E' con loro che passiamo gran parte della nostra vita. Siamo 8.000 volontari e ogni giorno, dopo aver lavorato per guadagnarci da vivere, dedichiamo il

nostro tempo ad assistere i più deboli.
E a Roma c'è tanto da fare: le persone escluse dal benessere, per le quali non esiste Stato sociale, si moltiplicano sempre di più.
Per difendere i loro diritti e la loro dignità la nostra Comunità organizza non solo tante cose importanti come la distribuzione di cibo sulle strade, i centri di accoglienza e di assistenza

sociale, sanitaria e legale, le mense popolari, la diffusione di guide per sopravvivere in città, ma anche altre apparentemente futili come far recapitare a un amico barbone una lettera di buon compleanno.
Ma tutto questo non basta. Per questo vi chiediamo un aiuto economico, anche piccolo. Farà stare meglio loro, farà sentire meglio voi.

A Roma 60.000 persone vivono in povertà. Aiutateci ad aiutarli.

COMUNITA DI S.EGIDIO

Marco sta insieme a Rosa.

Via Magna Grecia, comunità alloggio (Roma 1991)

Quella tra Marco e Rosa è solo una delle tante storie di amicizia e, perché no, d'amore nate tra gli anziani soli e abbandonati di questa città e alcuni degli 8.000 volontari della nostra Comunità.

Giovani e meno giovani che ogni giorno, dopo aver lavorato per guadagnarsi da vivere, dedicano il loro tempo ad assistere i deboli, gli esclusi, i malati.

E a Roma c'è tanto da fare: basti pensare che gli anziani sono 600.000 e un terzo di loro vivono soli, con una pensione che gli concede un unico lusso: quello di sopravvivere.

Per difendere i loro diritti e la loro dignità abbiamo organizzato tante cose: l'assistenza a domicilio, le comunità alloggio, la presenza negli istituti di lungo-degenza e nelle case di riposo, i centri di accoglienza, le convivenze, le attività culturali e anche una raccolta di firme per non andare in istituto e rimanere a casa propria.

Ma non vogliamo fermarci qui. Per questo vi chiediamo un aiuto economico, anche piccolo. Farà stare meglio loro, farà sentire meglio voi.

A Roma 200.000 anziani vivono e soffrono soli. Aiutateci ad aiutarli.

COMUNITÀ DI S. EGIDIO

Cliente
IL MANIFESTO
Agenzia
FCA/SBP
Direttore creativo
LELE PANZERI
Art director
LELE PANZERI
Copywriter
SANDRO BALDONI
Fotografo
STEFANO MARINO

FCA/SBP

Caro manifesto,

. . . .
. . . .
. . . .
. . . .
. . . .
. . . .
. . . .

Per cui mi abbono. Grazie e ciao.

Chi si abbona paga 290.000 lire l'abbonamento annuale, 155.000 lire il semestrale e 85.000 lire il trimestrale. Chi si abbona per un anno, entro e non oltre il 31/12/91, riceve in regalo "Un tocco da maestro", un bellissimo volume d'arte edito dalla "manifestolibri". Inoltre, tutti gli abbonati avranno il 25% di sconto sui volumi della "manifestolibri"

direttamente richiesti alla casa editrice. Segate il coupon e speditelo.
Mi abbono per un anno ☐ Per sei mesi ☐ Per tre mesi ☐
Nome: _____
Cognome _____
Via _____
Città _____ CAP _____ Prov. _____

Se usare il coupon, allegate ass. bancario non trasferibile intestato a: "il manifesto coop a r.l." Oppure spedite vaglia postale a: il manifesto, via Tomacelli, 146 - 00186 Roma, o fate un versamento sul ccp 708016 intestato come sopra. Cari saluti, **il manifesto**

FCA/SBP

Caro manifesto,
la vita mi fa schifo indipendentemente da Andreotti, Mannino, Craxi e compagnia bella, però se mi arriva a casa tutte le mattine il manifesto è come se il cappuccino fosse più buono e la brioche avesse un po' più di marmellata. Mandatemelo, grazie, ciao.

Chi si abbona paga 290.000 lire l'abbonamento annuale, 155.000 lire il semestrale e 85.000 lire il trimestrale. Chi si abbona per un anno, entro e non oltre il 31/12/91, riceve in regalo "Un tocco da maestro", un bellissimo volume d'arte edito dalla "manifestolibri". Inoltre, tutti gli abbonati avranno il 25% di sconto sui volumi della "manifestolibri"

direttamente richiesti alla casa editrice. Segate il coupon e speditelo.
Mi abbono per un anno ☐ Per sei mesi ☐ Per tre mesi ☐
Nome: _____
Cognome _____
Via _____
Città _____ CAP _____ Prov. _____

Se usare il coupon, allegate ass. bancario non trasferibile intestato a: "il manifesto coop a r.l." Oppure spedite vaglia postale a: il manifesto, via Tomacelli, 146 - 00186 Roma, o fate un versamento sul ccp 708016 intestato come sopra. Cari saluti, **il manifesto**

Cliente
IL MANIFESTO
Agenzia
FCA/SBP
Direttore creativo
LELE PANZERI
Art director
LELE PANZERI
Copywriter
SANDRO BALDONI
Fotografo
STEFANO MARINO

FCA/SBP

Caro manifesto,
sono una ex aclista, ex sessantotti-
na, ex indiana metropolitana, ex si-
tuazionista, ex importatrice di tessuti
dall'Oriente, ex yuppie, ex disim-
pegnata, ex voto nel senso che non
votavo più ma adesso vorrei rico-
minciare. Insomma, in vita mia mi
sono divertita. Adesso vorrei diventare un'ex non lettrice del manifesto.

Chi si abbona paga 290.000 lire l'abbonamento annuale, 155.000 lire il semestrale e 85.000
lire il trimestrale. Chi si abbona per un anno,
entro e non oltre il 31/12/91, riceve in regalo
"Un tocco da maestro", un bellissimo volume d'arte edito dalla "manifestolibri".
Inoltre, tutti gli abbonati avranno il 25% di
sconto sui volumi della "manifestolibri"

direttamente richiesti alla casa editrice. Sega-
te il coupon e speditelo.
Mi abbono per un anno ☐ Per sei mesi ☐ Per tre mesi ☐
Nome _____
Cognome _____
Via _____
Città _____ CAP _____ Prov. _____

Se usate il coupon, allegate ass. bancario non trasferibile intestato a: "il manifesto coop a r.l."   Oppure spedite vaglia postale a: il manifesto, via Tomacelli, 146 - 00186 Roma, o fate un versamento sul ccp 708016 intestato come sopra. Cari saluti, **il manifesto**

FCA/SBP

Caro manifesto,
qui tutti ridono, cantano, ballano,
usano l'ironia che tutti i problemacci
porta via, pippobàudano, sgàrba-
no, mauriziocostànzano, fanno le
battutine intelligenti sui giornali
satirici, ma insomma a me sembra
che non cambi mai niente, è pieno
di disperati. Devo abbonarmi ancora? Mi garantite un po' d'incazzatura?

Chi si abbona prima del 30 novembre paga
270.000 lire l'abbonamento annuale, 145.000 il semestrale, 80.000 il trimestrale. Chi si abbona dopo, paga rispettivamente 290.000, 155.000 e
85.000 lire. Chi si abbona per un anno, entro e
non oltre il 31/12/91, riceve in regalo "Un tocco
da maestro", un bellissimo volume d'arte a colori edito dalla "manifestolibri". Inoltre, tutti gli abbonati avranno il 25% di sconto sui volumi della

"manifestolibri" direttamente richiesti alla casa
editrice. Segate il coupon e speditelo.
Mi abbono per un anno ☐ Per sei mesi ☐ Per tre mesi ☐
Nome _____
Cognome _____
Via _____
Città _____ CAP _____ Prov. _____
MAN

Se usate il coupon, allegate ass. bancario non trasferibile intestato a: "il manifesto coop a r.l."   Oppure spedite vaglia postale a: il manifesto, via Tomacelli, 146 - 00186 Roma, o fate un versamento sul ccp 708016 intestato come sopra. Cari saluti, **il manifesto**

133

Cliente
ENI
Agenzia
ARMANDO TESTA
Direttore creativo
LORENZO MARINI
MAURIZIO SALA
Art director
LORENZO MARINI
Copywriter
MAURIZIO SALA
Fotografo
OCCHIOMAGICO

Il futuro della chimica è pieno di energia.

La chimica italiana ha una firma: ENICHEM, società del Gruppo ENI e ottava azienda chimica del mondo, al lavoro in molti settori.

Perché la chimica è nell'industria, nell'agricoltura, nella preparazione di farmaci, cosmetici, plastica, autovetture, carta. In quasi tutti gli oggetti che ci circondano.

Chimica è anche tutela dell'ambiente: elimina sostanze nocive, risana situazioni critiche, sviluppa tecnologie per prevenire i danni ecologici.

ENICHEM lavora per la riduzione dell'inquinamento industriale.

La chimica nasce dall'energia, ed ENICHEM ha il vantaggio di appartenere a un grande Gruppo energetico come l'ENI.

Un privilegio che dà grande efficacia operativa e ricchezza di risorse e di tecnologie.

Per questo ENICHEM è leader in numerosi settori sulla scena internazionale.

Per questo ENICHEM può dare una chimica più forte e una vita migliore all'Italia di oggi e del futuro.

Agip, AgipPetroli, Snam, EniChem, Enirisorse, NuovoPignone, Snamprogetti, Saipem, Savio, Terfin, Sofid, ENI International Holding, Eniricerche.

 Eni

Finché c'è ENI, ci sarà energia.

Il futuro delle acque italiane prende una nuova forma.

L'acqua, una risorsa che necessita di idee, tecnologie e uomini per guardare al futuro con più certezze.

Il Gruppo ENI è al servizio anche di questo.

Attraverso ENIACQUA offre all'Italia l'esperienza di cinque grandi aziende, pronte a investire denaro, lavoro e idee in un grande progetto nazionale.

SNAM: leader internazionale nella costruzione e gestione di grandi sistemi di trasporto per idrocarburi liquidi e gassosi.

SNAMPROGETTI: progettista e consulente tecnico per realizzazioni riguardanti anche il ciclo delle acque.

SAIPEM: struttura operativa per la costruzione di estese reti canalizzate, incluse condotte sottomarine e transmontane.

NUOVOPIGNONE: oltre 90 realizzazioni di automazione per il controllo di sistemi idrici e della qualità delle acque.

ITALGAS: già presente in 1.400 comuni italiani.

Gestisce acquedotti e impianti di depurazione, distribuisce il gas e l'acqua.

ENIACQUA è pronta a risanare le fonti idriche, a ristrutturare l'attuale rete di condutture, a migliorare la gestione e la distribuzione di un bene così prezioso per tutti noi e per il nostro futuro.

Agip, AgipPetroli, Snam, EniChem, Enirisorse, NuovoPignone, Snamprogetti, Saipem, Savio, Terfin, Sofid, ENI International Holding, Eniricerche.

Eni

Finché c'è ENI, ci sarà energia.

Cliente
BEST COMPANY
Agenzia
ATA TONIC
Direttore creativo
ALBERTO DE MARTINI
FABRIZIO GRANATA
Art director
FABRIZIO GRANATA
Fotografo
KIRCHNER
ROITER

La pubblicità
in Italia è quel che è.
Ed è anche colpa
della J. Walter
Thompson.

Lo dicono i sociologi, i ricercatori, i critici, i giornalisti, i risultati dei festival internazionali e gli utenti della pubblicità. E se lo dicono in privato l'un l'altro anche i pubblicitari. *E ciò che è peggio è* che ormai lo pensano anche i consumatori che si difendono dagli spot più noiosi usando il telecomando. *La J. Walter Thompson* concorda con la tesi che la pubblicità italiana è un po' così-così e, come una delle più importanti agenzie italiane, si assume la sua parte di responsabilità. Fra campagne stampa, film, annunci radio e manifesti degli ultimi quarant'anni c'erano pure i nostri. *Qualcuno era certamente brillante,* originale, intelligente, tale da non sfigurare nelle più importanti competizioni internazionali. Molti altri invece, riconosciamolo, erano così-così. *Così oggi siamo felici di dire* (ed è un'importante conquista psicologica) di non essere soddisfatti di noi stessi. Per questo stiamo lavorando come dannati per migliorare la nostra area del così-così e per fare in modo che certe punte di eccezionalità possano diventare più facilmente una normalità. *I risultati!* Noi pensiamo di vederli fin dai prossimi mesi. Come abbiamo fatto? Abbiamo prima di tutto cercato di cambiare mentalità, diventando molto autocritici. Abbiamo perfezionato i reparti dell'agenzia e, avendo coscienza che per fare una buona campagna ci vuole una buona strategia, una grande creatività e una perfetta produzione, abbiamo incominciato fin dallo scorso anno a lavorare sui reparti di planning strategico, creativo e produzione TV e stampa, cercando di mettere gli uomini giusti al posto giusto. Inoltre abbiamo spostato più in su i nostri obbiettivi, aumentato le nostre ambizioni e investito per tutto questo parecchi soldi. Siamo quasi a punto, forse, anzi, lo siamo già e, per dimostrarvelo, abbiamo qui pronta una videocassetta che contiene le nostre ultime produzioni televisive delle quali - va detto - siamo piuttosto orgogliosi. *Quindi, chi fosse interessato* a migliorare la pubblicità italiana migliorando la propria, può cominciare telefonandoci al 77981 di Milano oppure al 592.37.10 di Roma e fissare un appuntamento per visionarla. E solo dopo che la avremo convinto coi fatti, deciderà sul da farsi.

J. Walter Thompson

Il mondo grande lo fanno gli scontenti.

J. WALTER THOMPSON ITALIA S.P.A. VIA DURINI 28 20122 MILANO TEL 77981 FAX 782507 · VIA SIERRA NEVADA 108 00144 ROMA TEL 592 3710 FAX 592 4911

Cliente
J. WALTER THOMPSON
Agenzia
J. WALTER THOMPSON
Direttore creativo
DANIELE CIMA
Art director
PIERO ABBRUZZO
Copywriter
ANNA MONTEFUSCO
DANIELE CIMA
Fotografo
ADRIAN HAMILTON

Cliente
FERROVIE DELLO
STATO
Agenzia
SAATCHI & SAATCHI
ADVERTISING
Direttore creativo
GUIDO CORNARA
LUCA ALBANESE
Art director
FABIO FERRI
Copywriter
STEFANO MARIA
PALOMBI

PER SAPERE IN QUANTO TEMPO L'ORCHIDEA NERA ARRIVERA' ALLA VOSTRA DAMA BIANCA TELEFONATE AL NOSTRO NUMERO VERDE.

NUMEROVERDE 1678 - 64146

C'è solo un numero che vi permette di conoscere, direttamente da casa, in quanto tempo l'oggetto della vostra spedizione raggiungerà l'oggetto del vostro pensiero. E' il numero verde della **INT International Transport:** la più grande e capillare rete di trasporto merci d'Italia. Attivo dal 1° febbraio, dal lunedì al sabato dalle 9 alle 18, questo numero è in grado grazie ad un sofisticato sistema informatico di garantirvi una gamma completa di servizi. ■ Informazioni sulle attività della INT in tutti gli 8.000 comuni italiani. ■ Ordine di ritiro e spedizione anche a domicilio. ■ Vendita e risposte in tempo reale su prezzi, tempi, luoghi di consegna e orari. ■ Reclami. Il tutto con una semplice telefonata gratuita.

FS L'ITALIA CHE SI MUOVE.

SE LA SPEDIZIONE DELLA TUA BICICLETTA BLU E' DIVENTATA UN GIALLO TELEFONA AL NOSTRO NUMERO VERDE.

NUMEROVERDE 1678 - 64146

C'è un numero che ti permette di sapere in ogni momento dove si trova l'oggetto della tua spedizione e in caso di smarrimento di rintracciarlo facilmènte. E' il numero verde della **INT International Transport:** la più grande e capillare rete di trasporto merci d'Italia. Attivo dal 1° febbraio, dal lunedì al sabato dalle 9 alle 18, questo numero è in grado grazie ad un sofisticato sistema informatico di garantirti una gamma completa di servizi. ■ Informazioni sulle attività della INT in tutti gli 8.000 comuni italiani. ■ Ordine di ritiro e spedizione anche a domicilio. ■ Vendita e risposte in tempo reale su prezzi, tempi, luoghi di consegna e orari. ■ Reclami. Il tutto con una semplice telefonata gratuita.

FS L'ITALIA CHE SI MUOVE.

URGE SANGUE.

Da 25 anni lottiamo ogni giorno, in ogni angolo d'Italia, per difendere la natura e costruire nuovi modelli di comportamento ambientale. Un impegno duro. Una sfida, che abbiamo potuto portare avanti solo grazie alle persone che si sono iscritte e hanno sostenuto la nostra associazione. Nuove emergenze impongono un intervento, nuove battaglie ci aspettano. Combattetele al nostro fianco.

Desidero iscrivermi, inviatemi maggiori informazioni.
Nome _____
Cognome _____
Indirizzo _____
C.A.P. _____ Città _____

WWF

Spedire a WWF - Via Salaria, 290 - 00199 Roma. Chi vuole inviare subito un contributo, può farlo tramite: Bonifico bancario su C/C N° 11402 BNL Agenzia 9, CC/P N° 323006. Assegno non trasferibile intestato WWF.

Sono le vostre iscrizioni la nostra linfa vitale.

URGE SANGUE.

Da 25 anni lottiamo ogni giorno, in ogni angolo d'Italia, per difendere la natura e costruire nuovi modelli di comportamento ambientale. Un impegno duro. Una sfida, che abbiamo potuto portare avanti solo grazie alle persone che si sono iscritte e hanno sostenuto la nostra associazione. Nuove emergenze impongono un intervento, nuove battaglie ci aspettano. Combattetele al nostro fianco.

Desidero iscrivermi, inviatemi maggiori informazioni.
Nome _____
Cognome _____
Indirizzo _____
C.A.P. _____ Città _____

WWF

Spedire a WWF - Via Salaria, 290 - 00199 Roma. Chi vuole inviare subito un contributo, può farlo tramite: Bonifico bancario su C/C N° 11402 BNL Agenzia 9, CC/P N° 323006. Assegno non trasferibile intestato WWF.

Sono le vostre iscrizioni la nostra linfa vitale.

Cliente
WWF
Agenzia
SAATCHI & SAATCHI
ADVERTISING
Direttore creativo
GUIDO CORNARA
Art director
FABIO FERRI
Copywriter
STEFANO MARIA
PALOMBI
Fotografo
STEFANIA SERVILLI
IL DAGHERROTIPO
G. MEMMI
PANDA PHOTO

137

Cliente
**FERROVIE DELLO
STATO**
Agenzia
**SAATCHI & SAATCHI
ADVERTISING**
Direttore creativo
**GUIDO CORNARA
LUCA ALBANESE**
Art director
FABIO FERRI
Copywriter
**STEFANO MARIA
PALOMBI**

Con 150 punti vi spediremo a casa tutti i pacchi che volete.

150 punti di smistamento già allestiti. E' nata INT International Transport. Presto la più estesa rete di trasporto merci d'Italia sarà anche la più efficiente.

No, non c'è nessun concorso. Ma la sorpresa è di quelle che fanno sempre piacere: è nata INT International Transport. Una struttura nuova, gestita con criteri di mercato in collaborazione con società private leader in Europa, per l'organizzazione del traffico merci delle Ferrovie Italiane. Questo vuol dire che, con circuiti camionistici dedicati che integrano migliaia di chilometri di ferrovie e 150 punti di smistamento già attrezzati in tutta Italia, le vostre spedizioni a domicilio saranno sempre più veloci, sicure e numerose. Ma, soprattutto, la nascita di INT International Transport è un concreto segnale che la voglia di rinnovamento, alle FS, marcia sul binario giusto.

Cliente
**BARBELLA GAGLIARDI
SAFFIRIO**
Agenzia
**BARBELLA GAGLIARDI
SAFFIRIO**
Direttore creativo
PASQUALE BARBELLA
Art director
AGOSTINO TOSCANA
Copywriter
ROBERTA SOLLAZZI

QUESTO E' IL NOSTRO ULTIMO ANNUNCIO.

Oggi è venerdì 6 dicembre. Manca poco all'ora X. Le 18.

Per convincervi a fare quello che pensiamo, ci resta ancora meno tempo. Un minuto e mezzo. Esattamente quanto vi occorre per leggere questo testo fino in fondo.

Che cosa succede alle 18? Comincia Telethon, la maratona televisiva per la lotta alla distrofia muscolare.

Un evento a cui da mesi vi esortiamo a partecipare. Ve ne abbiamo parlato dalle pagine dei giornali, dai poster, in TV e al cinema.

Se stasera non vi sintonizzate su Rai Uno e non date a Telethon il vostro aiuto morale e finanziario, avremo lavorato per niente.

E questo sarebbe il minore dei mali.

Ma avrebbero lavorato per niente anche i medici e gli scienziati che da anni e anni studiano la distrofia muscolare.

Avrebbero lavorato per niente coloro che, con Telethon, stanno cercando di aiutarli a fare la scoperta decisiva: la terapia.

Se invece partecipate numerosi e generosi, grazie a voi la ricerca scientifica avrà fatto un altro passo avanti.

Gli ammalati di distrofia muscolare avranno più concrete speranze di guarigione.

E anche noi avremo la sensazione di aver fatto il nostro dovere; e di non aver deluso il Comitato Promotore Telethon che ha avuto fiducia in noi. Siamo soltanto un'agenzia di pubblicità, ma questa è la nostra campagna più importante.

Il tempo a nostra disposizione è terminato. Il nostro lavoro anche. Ora tocca a voi.

BARBELLA GAGLIARDI SAFFIRIO
GRUPPO EUROCOM

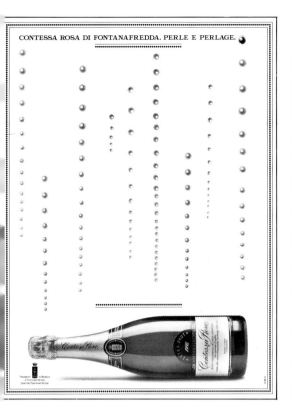

CONTESSA ROSA DI FONTANAFREDDA. PERLE E PERLAGE.

BAROLO DI FONTANAFREDDA. LO SENTIRETE SBOCCIARE.

Cliente
**TENIMENTI DI
BAROLO E
FONTANAFREDDA**
Agenzia
ADMARCO
Direttore creativo
PIERLUIGI BACHI
Art director
PIERLUIGI BACHI
Copywriter
BOB MARCHESCHI
Agency producer
ANTONELLA DI CARLO
Fotografo
**FRANCESCO BERRA
E BOSCOLO**

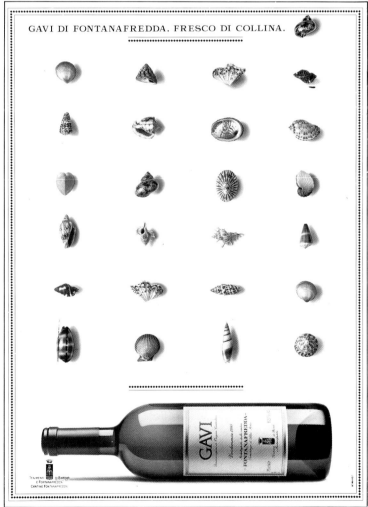

GAVI DI FONTANAFREDDA. FRESCO DI COLLINA.

Cliente
SITIA YOMO
Agenzia
J. WALTER THOMPSON
Direttore creativo
DANIELE CIMA
Art director
LUCA MARONI
Copywriter
BEPPE VIOLA
Fotografo
MICHAEL WILLIAMS

È ora di chiedere
di Più (& Più).

Ecco per voi da Yomo, la linea "Più & Più". Yogurt innovativi per un'alimentazione più sana e più naturale. Più & Più Yogurt Magro vi dona tutto il gusto della frutta in pezzi, più tutto il gusto del germe di grano. E in più, tutto il gusto (il vostro) di mantenervi in forma. Gustateselo.

PIÙ & PIÙ YOGURT MAGRO.

GGK

Swissair ✛ Dal 2 aprile, alle h 13.10 potete partire con il nuovo volo Swissair per Torino.

È un peccato che i torinesi che tornano dagli States, con Swissair, non abbiano più il tempo per un piatto di Geschnetzeltes nach Zürcher Art mit Rösti.

Cliente
SWISSAIR
Agenzia
GGK MILANO
Direttore creativo
CESARE CASIRAGHI
JAMIE AMBLER
Art director
JAMIE AMBLER
Copywriter
CESARE CASIRAGHI

GGK

Swissair ✛ Il nuovo volo Swissair delle 20.30 vi riporta a Genova alle 21.45, giusto per dormire.

I genovesi che la sera passano da Zurigo possono finalmente risparmiare su due cose: spazzolino e pigiama.

Cliente
SWISSAIR
Agenzia
GGK MILANO
Direttore creativo
CESARE CASIRAGHI
JAMIE AMBLER
Art director
PAOLO TOGNONI
Copywriter
FRANCESCA
PAGLIARINI

Cliente
SITIA YOMO
Agenzia
J. WALTER THOMPSON
Direttore creativo
DANIELE CIMA
DARIO DIAZ
Art director
DANIELE CIMA
Copywriter
DARIO DIAZ
Illustratore
FABIO TRAVERSO

L'INSALATA
È NATURALE,
LE CAROTE
SONO NATURALI,
ANCHE YOMO FRUTTA
È NATURALE,
EPPURE LA NATURA
NON LO PRODUCE.

SCHERZI
DELLA NATURA.

VOLETE SAPERE COME MAI YOMO FRUTTA HA UN GUSTO
COSÌ NATURALE? YOMO NON AGGIUNGE NIENTE AL
LATTE, ALLA FRUTTA E AI FERMENTI (SALVO UN PO' DI
ZUCCHERO). PERCHÉ È COSÌ BUONO? LA FRUTTA È LA
MIGLIORE ED È MATURATA AL SOLE. PERCHÉ È COSÌ
BENEFICO? PERCHÉ È PURO YOGURT FATTO DA CHI DI
FERMENTI LATTICI SE NE INTENDE IN QUANTO DA
SEMPRE FA YOGURT E SOLO YOGURT. RICORDATEVELO
QUANDO DOVETE SCEGLIERE UNO YOGURT.

YOMO FRUTTA. FATTO DI YOGURT.
DI FRUTTA E DI YOMO.

YOMO
LO YOGURT

YOMO FRUTTA
È NATURALE
COME UN FIORE,
NATURALE
COME UN FRUTTO,
PERÒ NON È
UN PRODOTTO
DELLA NATURA.

È UN DONO
DELLA NATURA.

VOLETE SAPERE COME MAI YOMO FRUTTA HA UN GUSTO
COSÌ NATURALE? YOMO NON AGGIUNGE NIENTE AL
LATTE, ALLA FRUTTA E AI FERMENTI (SALVO UN PO' DI
ZUCCHERO). PERCHÉ È COSÌ BUONO? LA FRUTTA È LA
MIGLIORE ED È MATURATA AL SOLE. PERCHÉ È COSÌ
BENEFICO? PERCHÉ È PURO YOGURT FATTO DA CHI DI
FERMENTI LATTICI SE NE INTENDE IN QUANTO DA
SEMPRE FA YOGURT E SOLO YOGURT. RICORDATEVELO
QUANDO DOVETE SCEGLIERE UNO YOGURT.

YOMO FRUTTA. FATTO DI YOGURT.
DI FRUTTA E DI YOMO.

YOMO
LO YOGURT

Se volete viaggiare sicuri, slacciatevi le cinture.

Con la nebbia, il ghiaccio, la neve, la pioggia, il sole di agosto, di notte e di giorno, per lunghi viaggi o brevi spostamenti, il treno è da sempre il modo più sicuro di viaggiare. E presto lo sarà ancora di più. Abbiamo investito molto in ricerca e tecnologie nuove che ci consentiranno di garantire standard di sicurezza sempre più elevati e prestazioni fino a ieri considerate impossibili. Viaggiare in treno sarà così como-do, sicuro e conveniente che non potrete fare a meno di preferirlo ad altri mezzi di trasporto. Ma tecnologia e sicurezza sono solo alcuni dei punti di forza di un progetto più ampio, destinato a cambiare il rapporto tra le Ferrovie dello Stato e i singoli cittadini, l'industria, il Paese. Seguiteci, sarà un buon viaggio.

Tecnologia e sicurezza nel grande progetto delle Ferrovie dello Stato.

FS — L'ITALIA CHE SI MUOVE.

Vogliamo infrangere i limiti di velocità.

Avete presente la linea Roma-Milano? Bene. Oggi, nella migliore delle ipotesi, per percorrerla sono necessarie quattro ore. Noi, infrangendo ogni limite, compreso quello della vostra immaginazione, vogliamo arrivare a farlo in tre ore. Non stiamo parlando di un sogno ma di qualcosa che assomiglia sempre più alla realtà. Una realtà destinata a rivoluzionare non solo il modo di viaggiare ma anche la nostra vita, con meno auto sulle strade e aria più pulita. La fase degli esperimenti si è ormai conclusa e le future linee sono già stabilite. Ma l'Alta Velocità è solo uno dei punti di forza di un progetto più ampio, destinato a cambiare il rapporto tra le Ferrovie dello Stato e i singoli cittadini, l'industria, il Paese. Seguiteci, sarà un buon viaggio.

L'Alta Velocità nel grande progetto delle Ferrovie dello Stato.

FS — L'ITALIA CHE SI MUOVE.

Vogliamo farci carico dei vostri desideri.

Se chiudendo gli occhi immaginate un'Italia con pochi TIR sulle strade, meno incidenti, l'aria più pulita e le merci puntuali a destinazione, state immaginando l'Italia per cui stiamo lavorando noi. Abbiamo previsto nuovi investimenti per favorire il rilancio del settore merci e lo sviluppo dell'Intermodalità, un razionale si stema di trasporto merci che ci permetterà di unire le caratteristiche migliori della ferrovia con quelle degli altri mezzi di trasporto. Il tutto con tre obiettivi primari: dimezzare i costi, alleggerire il traffico sulle strade, ridurre l'impatto ambientale negativo. Ma il rilancio del settore merci e lo sviluppo dell'Intermodalità sono solo alcuni dei punti di forza di un progetto più ampio, destinato a cambiare radicalmente il rapporto tra le Ferrovie dello Stato e i singoli cittadini, l'industria, il Paese. Seguiteci, sarà un buon viaggio.

L'Intermodalità nel grande progetto delle Ferrovie dello Stato.

FS
L'ITALIA CHE SI MUOVE.

Noi non ci fermeremo ad Eboli.

Per fare un bel viaggio nel Sud, nelle Isole o nelle zone più remote del nostro Paese, non basta restare affacciati al finestrino a guardare il panorama. C'è bisogno di linee, di treni, di maggiori comfort. Occorrono strutture nuove e interventi su quelle ormai inadeguate. Proprio per questo, abbiamo previsto un piano di investimenti che ci consentirà non solo di dare nuove energie al trasporto ferroviario nel Mezzogiorno ma di rilanciare, con l'aiuto di Regioni e Comuni, anche le reti locali. Vogliamo arrivare là dove lo sviluppo non ha mostrato il suo volto migliore, per disegnare un nuovo modo di viaggiare in treno: più veloce, più comodo, più sicuro, più conveniente. Ma questo è solo uno dei punti di forza di un progetto più ampio, destinato a cambiare il rapporto tra le Ferrovie dello Stato e i singoli cittadini, l'industria, il Paese. Seguiteci, sarà un buon viaggio.

Il Sud, le Isole e le reti locali nel grande progetto delle Ferrovie dello Stato.

FS
L'ITALIA CHE SI MUOVE.

Cliente
CAT (COMPUTER
ADVANCED
TECHNOLOGIES)
Agenzia
LE BALENE
COLPISCONO ANCORA
Art director
MAURIZIO DAL BORGO
Copywriter
ENZO BALDONI
Illustratore
PAOLO D'ALTAN
MAURO BERGONZOLI

SE IL SINDACO DI MILANO FINISSE A SAN VITTORE, L'AMMINISTRAZIONE COMUNALE SI SNELLIREBBE DI COLPO.

Pensate che avvenimento: i flash dei paparazzi, il sindaco che varca il portone tra ali plaudenti di folla, due addetti che gli si fanno incontro e lo scortano nel rinomato stabilimento.
Poi lo farebbero sedere davanti a un monitor e gli dimostrerebbero quanto sarebbe più facile mandare avanti un Comune se i lavoratori fossero tutti collegati in una rete Apple Macintosh.
Recenti ricerche dimostrano, infatti, che chi lavora su Macintosh è molto più soddisfatto. È normale: in qualsiasi azienda l'80% del lavoro viene svolto nel 10% del tempo; il restante 90% va perso in riunioni, lotte di potere, malumori, malintesi, cappuccini, corteggiamenti e pettegolezzi.
Quindi un lavoratore felice che stia un'ora davanti al suo Macintosh rende più di un lavoratore sfavato che passi otto ore alla sua scrivania.
Per sapere tutto su Macintosh bisogna andare a San Vittore, per l'esattezza al numero 6, dove c'è uno dei più noti centri Apple italiani: la CAT, Computers Advanced Technologies, che vi toglierà qualsiasi dubbio sul Mac, sia che lo vogliate per uso personale sia che dirigiate un'azienda con 10.000 dipendenti. Alla CAT di via San Vittore poi si affiancano altre due società. Una è la CAT'S (Via G.B. Vico, 10 - Tel. 02/481.35.90), specializzata in service e in formazione del personale.
Se volete insegnare il Mac ai vostri uomini, la CAT'S è il posto giusto. Poi c'è la CAT Sistemi Gestionali (Piazza Venino, 1 - Tel. 02/48.00.28.78), specializzata in gestione aziendale, in particolar modo nell'integrare i computer Apple in reti già esistenti, che siano IBM, UNIX o VAX.
Quindi, signor sindaco, se vuole snellire l'amministrazione del Comune, il posto giusto per lei è San Vittore. Come? Non sapeva che a San Vittore c'è la CAT? Perché, cos'aveva capito?

CAT, QUASI UN CLUB

Via San Vittore, 6 - Milano
Tel. 02/86453175-863496

SE IL GOVERNATORE DELLA BANCA D'ITALIA FINISSE A SAN VITTORE I BANCARI FESTEGGEREBBERO SENZA RISPARMIO.

Ah, se il Governatore si sedesse allo schermo luminescente di un Macintosh e cominciasse a trafficare coi tasti e col mouse! Sarebbe immediata (per lui che conosce a fondo le leggi dell'economia) l'intuizione di buttar via tutta la vecchia ferraglia e dotare ogni sede e filiale di una rete Apple Macintosh.
Perché una rete Macintosh è economica in senso assoluto. A parte il costo d'impianto, oggi molto ridotto, le ricerche dimostrano che chi lavora su un Mac è più felice di uno che lavora su un computer qualsiasi.
Un lavoratore felice sbaglia di meno, quindi è un lavoratore più produttivo. Pensate se ogni banca fosse collegata in una rete Macintosh: funzionari e cassieri meno stressati e più cortesi, clienti più soddisfatti che chiamerebbero nuovi clienti... chissà dove andremmo a finire? Forse l'adozione del Mac cambierebbe addirittura il modo di vivere la banca. Per sapere tutto su Macintosh bisogna andare a San Vittore, per l'esattezza al numero 6, dove c'è uno dei più noti centri Apple italiani: la CAT, Computers Advanced Technologies, che vi toglierà qualsiasi dubbio sul Mac, sia che lo vogliate per uso personale sia che dirigiate un'azienda con 10.000 dipendenti. Alla CAT di via San Vittore poi si affiancano altre due società. Una è la CAT'S (Via G.B. Vico, 10 - Tel. 02/481.35.90), specializzata in service e in formazione del personale. Se volete insegnare il Mac ai vostri uomini, la CAT'S è il posto giusto. Poi c'è la CAT Sistemi Gestionali (Piazza Venino, 1 - Tel. 02/48.00.28.78), specializzata in gestione aziendale, in particolar modo nell'integrare i computer Apple in reti già esistenti, che siano IBM, UNIX o VAX.
Quindi, signor Governatore: vuole davvero rimettere in piedi l'economia? Corra subito a San Vittore. Come? Non sapeva che a San Vittore c'è la CAT? Perché, cos'aveva capito?

CAT, QUASI UN CLUB

Via San Vittore, 6 - Milano
Tel. 02/86453175-863496

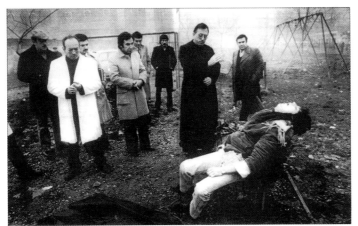

Cliente
AVVENIMENTI
Agenzia
ESSEFFE
Art director
FABIO FERRI
Copywriter
STEFANO MARIA PALOMBI
Fotografo
ENNIO BARBERA

147

Cliente
LEVER
Agenzia
J. WALTER THOMPSON
Direttore creativo
DANIELE CIMA
Art director
STEFANO PANICHI
Copywriter
NICOLA ZANARDI
Fotografo
**MAURIZIO
CICOGNETTI**

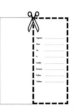

Svelto Progress
è il detersivo per lavastoviglie che lava come le tue mani.

Lavare per credere.

Svelto presenta l'amico Svelto Progress, il detersivo per lavastoviglie che lava come le tue mani, con la stessa sensibilità, rispettando l'ambiente. Ecco le caratteristiche:

MICROPOLVERE IN CONFEZIONE MICRO.

Svelto Progress è una micro-

polvere profumata in confezione micro antiumidità, con una pratica maniglia e un tappo dosatore per evitare sprechi.

METÀ DOSE, PERFETTO IL RISULTATO

Per avere risultati perfetti, con Svelto Progress, è sufficiente metà dose rispetto a una normale polvere. Meno detersivo

nell'ambiente, quindi, con la stessa efficacia di lavaggio.

ENERGICO CON L'UNTO, DELICATO CON LE DECORAZIONI.

Svelto Progress, con il suo nuovo sistema ad ossigeno attivo, è forte con l'unto e lo sporco più sporco, ma delicato con le stoviglie più delicate. Con l'amico Svelto

Progress, finalmente, si possono affidare alla lavastoviglie anche i piatti più preziosi.

NUOVA COMPOSIZIONE SENZA FOSFATI.

Svelto Progress non contiene fosfati. Il contenitore, inoltre, è costituito da materiali completamente riciclabili.

La micropolvere per lavastoviglie che non contiene né cloro né fosfati.

Svelto Progress
è il detersivo per lavastoviglie che non contiene né cloro né fosfati.

Lavare per credere.

Svelto presenta l'amico Svelto Progress, il detersivo per lavastoviglie che lava come le tue mani, con la stessa sensibilità, rispettando l'ambiente. Ecco le caratteristiche:

MICROPOLVERE IN CONFEZIONE MICRO

Svelto Progress è una micro-

polvere profumata in confezione micro antiumidità, con una pratica maniglia e un tappo dosatore per evitare sprechi.

METÀ DOSE, PERFETTO IL RISULTATO

Per avere risultati perfetti, con Svelto Progress, è sufficiente metà dose rispetto a una normale polvere. Meno detersivo

nell'ambiente, quindi, con la stessa efficacia di lavaggio.

ENERGICO CON L'UNTO, DELICATO CON LE DECORAZIONI.

Svelto Progress, con il suo nuovo sistema ad ossigeno attivo, è forte con l'unto e lo sporco più sporco, ma delicato con le stoviglie più delicate. Con l'amico Svelto

Progress, finalmente, si possono affidare alla lavastoviglie anche i piatti più preziosi.

NUOVA COMPOSIZIONE SENZA FOSFATI

Svelto Progress non contiene fosfati. Il contenitore, inoltre, è costituito da materiali completamente riciclabili.

La micropolvere per lavastoviglie che lava come le tue mani.

Cliente
PRICOA VITA
Agenzia
**YOUNG & RUBICAM
ITALIA S.p.A.**
Direttore creativo
GAVINO SANNA
Art director
BARBARA GUENZATI
Copywriter
FRANCO GISUTI

Si è vecchi una volta sola.

Dentro, invece, si è sempre ragazzi. E ragazze, naturalmente. Più sensati, più tranquilli, più maturi. Ma la voglia di vivere è sempre la stessa. Per soddisfarla, pensateci oggi, sottoscrivendo con un nostro Responsabile Clienti una polizza PRICOA Vita. Perché PRICOA Vita è giovane, ma ha alle spalle The Prudential Insurance Company of America, il leader mondiale delle assicurazioni vita.

PRICOAVita
Una controllata di
ThePrudential Insurance Company of America
Direzione generale: Via Tommaso Grossi 2, 20121 Milano

CHIAMATA GRATUITA
NUMEROVERDE
1678 - 33012

Se credete di essere immortali, avete tutta la nostra simpatia.

Nella nostra civiltà di vincenti, questa si è una bella sfida. Eppure è già vinta in partenza. Perché gli affetti restano sempre vivi. Pensateci, parlando con un nostro Responsabile Clienti. PRICOA Vita vi offre la garanzia e - se ci consentite - la simpatia di The Prudential Insurance Company of America, il leader mondiale delle assicurazioni vita.

PRICOAVita
Una controllata di
ThePrudential Insurance Company of America
Direzione generale: Via Tommaso Grossi 2, 20121 Milano

CHIAMATA GRATUITA
NUMEROVERDE
1678 - 33012

A una certa età, far soldi non è più così importante. Basta averli.

Quando di correre dietro ai soldi non vorrete più sentirne parlare, quando avrete soldi, voglia di goderveli, sarete felici di avere incontrato oggi un nostro Responsabile Clienti PRICOA Vita, controllata da The Prudential Insurance Company of America, il leader mondiale delle assicurazioni vita, e qui per questo. Per pianificare oggi insieme a voi il vostro futuro tenore di vita.

  PRICOA Vita
Una controllata di
The Prudential Insurance Company of America
Direzione generale: Via Tommaso Grossi 2, 20121 Milano

CHIAMATA GRATUITA
NUMEROVERDE
1678 - 33012

La vostra macchina è assicurata più di voi.

Verrebbe da pensare che la vostra macchina vale più di voi. E sì che, al contrario delle auto, la vita acquista sempre più valore con il passare degli anni. Se siete d'accordo su questo, è il momento di incontrarci. Perché PRICOA Vita fa parte di The Prudential Insurance Company of America, il leader mondiale delle assicurazioni vita. Parlando con un nostro Responsabile Clienti, vi accorgerete - con tutta probabilità - di avere finora sottovalutato l'importanza di una polizza vita per il vostro futuro.

  PRICOA Vita
Una controllata di
The Prudential Insurance Company of America
Direzione generale: Via Tommaso Grossi 2, 20121 Milano

CHIAMATA GRATUITA
NUMEROVERDE
1678 - 33012

Crescendo si impara ad evitare le cattive compagnie.

Uno dei vantaggi dell'età è che si diventa più sicuri delle proprie scelte. Si incomincia a capire meglio cosa fa per noi e cosa no. Chi fa per noi e chi no. Incontrando un Responsabile Clienti PRICOA Vita, capirete subito che è la persona giusta con cui parlare del vostro futuro. Non per niente, PRICOA Vita appartiene a The Prudential Insurance Company of America, la prima compagnia al mondo nelle assicurazioni vita.

  PRICOA Vita
Una controllata di
The Prudential Insurance Company of America
Direzione generale: Via Tommaso Grossi 2, 20121 Milano

CHIAMATA GRATUITA
NUMEROVERDE
1678 - 33012

Cliente
L'UNITÀ EDITRICE
Agenzia
REGGIO DEL BRAVO
PUBBLICITÀ s.r.l.
Art director
AGOSTINO REGGIO
Copywriter
PAOLO DEL BRAVO
Grafico
LEANDRO CASINI
Illustratore
PAOLO MARGONI

Loro Piana. Il cashmere come abitudine.

Sapete quelle persone con manie innocenti e costose, con abitudini esclusive e magari un po' eccentriche? Sono persone che della perfezione e della qualità fanno una religione.

Novanta su cento sono persone che vestono cashmere Loro Piana.

E novanta su cento sono persone che prima di vestire cashmere Loro Piana

hanno chiesto, esaminato, confrontato. Sanno che Loro Piana ricerca ed acquista in terre lontane le migliori selezioni di materia prima.

Che Loro Piana, con la più sottile conoscenza dell'arte del tessere, prepara i tessuti di maggiore pregio.

Questo gli basta. Perché loro sanno che se non è così, non è Loro Piana.

Cliente
LANIFICIO ING. LORO PIANA
Agenzia
PIRELLA GÖETTSCHE LOWE S.p.A.
Direttore creativo
EMANUELE PIRELLA
Art director
VIVIDE PONZANI
Copywriter
EMANUELE PIRELLA
CHIARA DEGLI OCCHI
Fotografo
MARTIN RIEDL

STAMPA DI CATEGORIA

Presidente:
FRITZ TSCHIRREN

Segretario:
PIETRO VACCARI

MARIA GRAZIA BOFFI
ELIO BRONZINO
SILVANO CATTANEO
DANIELE CIMA
NICOLETTA COCCHI
ALASDHAIR-
MACGREGOR-HASTIE
MASSIMO MAGRI'
MAURO MANIERI
GIANFRANCO MARABELLI
LUCA MARONI
GIANLUCA NAPPI
PINO PILLA
AGOSTINO REGGIO
SALVATORE TARALLO
GRAZIA USAI
NICOLA ZANARDI

Cliente
INCENTIVE
Agenzia
**REGGIO DEL BRAVO
PUBBLICITÀ s.r.l.**
Art director
AGOSTINO REGGIO
Copywriter
PAOLO DEL BRAVO
Grafico
LEANDRO CASINI
Illustratore
**DANIELE MELANI
SPIDER**

Cliente
INCENTIVE
Agenzia
REGGIO DEL BRAVO
PUBBLICITÀ s.r.l.
Art director
AGOSTINO REGGIO
Copywriter
PAOLO DEL BRAVO
Grafico
LEANDRO CASINI
Illustratore
DANIELE MELANI
SPIDER

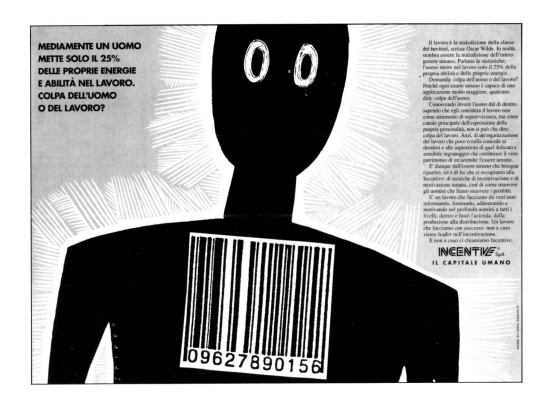

MEDIAMENTE UN UOMO METTE SOLO IL 25% DELLE PROPRIE ENERGIE E ABILITÀ NEL LAVORO. COLPA DELL'UOMO O DEL LAVORO?

Il lavoro è la maledizione della classe dei bevitori, scrisse Oscar Wilde. In realtà, sembra essere la maledizione dell'intero genere umano. Parlano le statistiche: l'uomo mette nel lavoro solo il 25% della propria abilità e delle proprie energie.

Domanda: colpa dell'uomo o del lavoro? Poiché ogni essere umano è capace di una applicazione molto maggiore, qualcuno dirà: colpa dell'uomo.

Conoscendo invece l'uomo dal di dentro, sapendo che egli considera il lavoro non come strumento di sopravvivenza, ma come canale principale dell'espressione della propria personalità, non si può che dire: colpa del lavoro. Anzi, di un'organizzazione del lavoro che poco o nulla concede ai desideri e alle aspirazioni di quel delicato e sensibile ingranaggio che costituisce il vero patrimonio di un'azienda: l'essere umano.

È dunque dall'essere umano che bisogna ripartire, ed è di lui che ci occupiamo alla Incentive: di tecniche di incentivazione e di motivazione umana, cioé di come muovere gli uomini che fanno muovere i prodotti.

È un lavoro che facciamo da vent'anni informando, formando, addestrando e motivando nel profondo uomini a tutti i livelli, dentro e fuori l'azienda, dalla produzione alla distribuzione. Un lavoro che facciamo con successo: non a caso siamo leader nell'incentivazione.

E non a caso ci chiamiamo Incentive.

INCENTIVE SpA
IL CAPITALE UMANO

UNITED DOLORS
OF JWT.

Sportivamente, dob-
biamo ammettere
che abbiamo perso
il coordinamento
mondiale della pia-
nificazione mezzi
Benetton. Fortuna-
tamente, non siamo
stati battuti da
un'altra agenzia ma
da una nuova strut-
tura interna al grup-
po Benetton. Tatti-
camente, la cosa ci
manda in bestia. E
manda in bestia gli
oltre 200 professio-
nisti JWT che in
questi 8 anni hanno
sempre lavorato al
meglio in 56 paesi
del mondo (Est com-
preso), gestendo
tempi di produzione
strettissimi e con-
quistando posizioni
invidiabili in stam-
pa e in affissione.
Strategicamente,
abbiamo maturato
un'esperienza che
ci rende imbatti-
bili. Insomma, ab-
biamo perso. Però
abbiamo vinto.

J. WALTER
THOMPSON

Cliente
J.WALTER THOMPSON
Agenzia
J.WALTER THOMPSON
Direttore creativo
DANIELE CIMA
Art director
LUCA MARONI
Copywriter
ENRICO CHIARUGI

AMARO.

LINTAS: MILANO, DOPO ANNI
DI GRANDI CAMPAGNE E GRANDI SUCCESSI,
AUGURA AD AVERNA
BUONA FORTUNA CON LA NUOVA AGENZIA.

Agenzia
LINTAS: MILANO
Direttore creativo
GERARDO PAVONE
Art director
ALESSIO FERLIZZA
MARIO SIGNORI
Copywriter
MARIO SIGNORI
ALESSIO FERLIZZA
Fotografo
PERAZZOLI

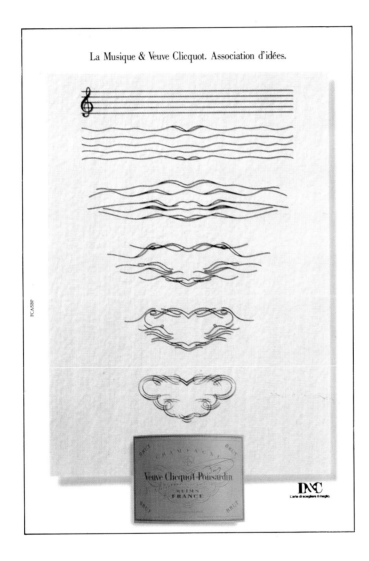

Cliente
D&C
Agenzia
FCA/SBP
Direttore creativo
LELE PANZERI
Art director
LELE PANZERI
Copywriter
ELIO BRONZINO
Fotografo
VISUAL SERVICE

CHAMPAGNE!

LA YOUNG & RUBICAM
FESTEGGIA L'ARRIVO DI AMARO AVERNA,
UNO DEI GRANDI NOMI
DELLA TRADIZIONE ITALIANA.

Cliente
**YOUNG & RUBICAM
ITALIA S.p.A.**
Agenzia
**YOUN & RUBICAM
ITALIA S.p.A.**
Direttore creativo
GAVINO SANNA
Art director
GAVINO SANNA
Copywriter
FRANCO GISUTI
Fotografo
STUDIO NEON

Cliente
COSMIT
Agenzia
STZ
Direttore creativo
FRITZ TSCHIRREN
Art director
FRITZ TSCHIRREN
Copywriter
MARCO FERRI
Fotografo
JEAN-PIERRE
MAURER

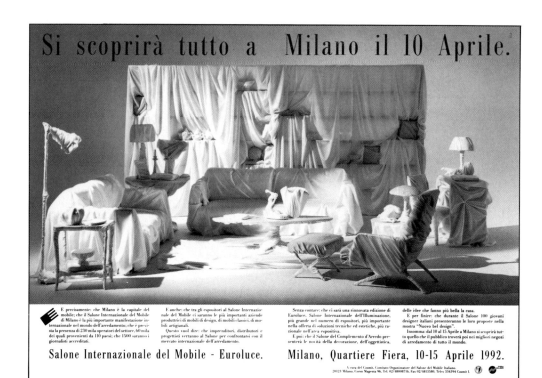

Cliente
MICROSOFT ITALIA
Agenzia
BARBELLA
GAGLIARDI SAFFIRIO
B.G.S.
Direttore creativo
PASQUALE BARBELLA
Art director
LUCA BONACINA
Copywriter
ROBERTO GRECO
Fotografo
SANDRO SCIACCA

KING SUPERA LE 100 MILA COPIE:
GRANDE, SEMPRE PIU' GRANDE, GRANDISSIMO, IMMENSO. RAGAZZI, SIAMO DEI MOSTRI.

Cliente
NUOVA ERI - EDIZIONI
RAI
Agenzia
REGGIO DEL BRAVO
PUBBLICITÀ s.r.l.
Art director
AGOSTINO REGGIO
Copywriter
PAOLO DEL BRAVO
Grafico
LEANDRO CASINI

Cliente
YOUNG & RUBICAM
ITALIA S.p.A.
Agenzia
YOUNG & RUBICAM
ITALIA S.p.A.
Direttore creativo
GAVINO SANNA
Art director
GAVINO SANNA
Copywriter
NICOLETTA COCCHI

Cliente
INDUSTRIA PORETTI
S.p.A.
CARLSBERG
Agenzia
RSCG MEZZANO
COSTANTINI MIGNANI
Direttore creativo
MARCO MIGNANI
Art director
LINDA BERARDI
Copywriter
PAOLO RUMI
Agency producer
MARIA TERESA
GIANNARELLI
Fotografo
CHRIS BROADBENT

CARLSBERG, AN ORIGINAL IMPORT FROM DENMARK.

Vera campagna bifronte.
A bicchiere pieno nella bianca
segue bicchiere vuoto nella volta corrispondente.
Pianificato sempre con le 2 mezze
pagine consecutive in b/v.

PROBABLY THE BEST BEER IN THE WORLD.

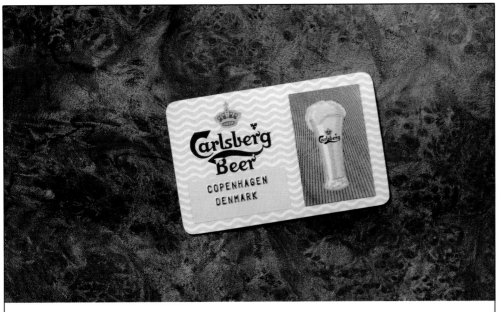

CARLSBERG, AN ORIGINAL IMPORT FROM DENMARK.

Vera campagna bifronte.
A bicchiere pieno nella bianca
segue bicchiere vuoto nella volta corrispondente.
Pianificato sempre con le 2 mezze
pagine consecutive in b/v.

PROBABLY THE BEST BEER IN THE WORLD.

Cliente
INDUSTRIA PORETTI
S.p.A.
CARLSBERG
Agenzia
RSCG MEZZANO
COSTANTINI MIGNANI
Direttore creativo
MARCO MIGNANI
Art director
LINDA BERARDI
Copywriter
PAOLO RUMI
Agency producer
MARIA TERESA
GIANNARELLI
Fotografo
CHRIS BROADBENT

CARLSBERG, AN ORIGINAL IMPORT FROM DENMARK.

Vera campagna bifronte.
A bicchiere pieno nella bianca
segue bicchiere vuoto nella volta corrispondente.
Pianificato sempre con le 2 mezze
pagine consecutive in b/v.

PROBABLY THE BEST BEER IN THE WORLD.

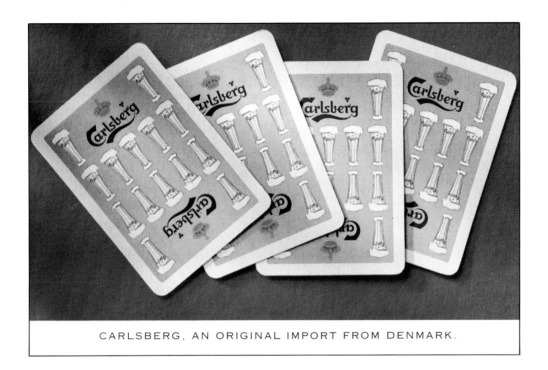

CARLSBERG, AN ORIGINAL IMPORT FROM DENMARK.

Vera campagna bifronte.
A bicchiere pieno nella bianca
segue bicchiere vuoto nella volta corrispondente.
Pianificato sempre con le 2 mezze
pagine consecutive in b/v.

PROBABLY THE BEST BEER IN THE WORLD.

Agenzia
CANARD
ADVERTISING
Direttore creativo
EMILIO HAIMANN
MARCO RAVANETTI
Art director
MARCO RAVANETTI
Copywriter
EMILIO HAIMANN
Illustratore
MICHELANGELO
ROSSINO

Di Canard ce n'è una.
Una a Torino e una a Milano.

Cliente
TOURING CLUB
ITALIANO
Agenzia
FCA/SBP
Direttore creativo
LELE PANZERI
Art director
OSCAR MORISIO
Copywriter
VALERIA CANAVESI
Fotografo
STEFANO MARINO

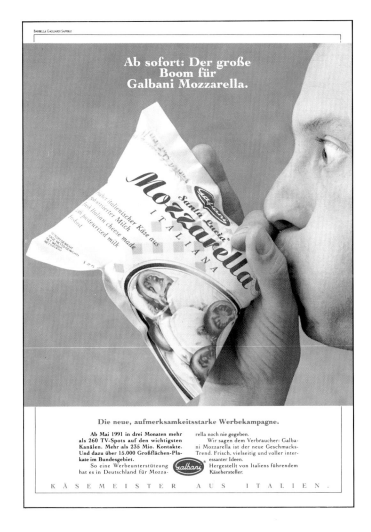

Cliente
F.LLI BARBIERI
Agenzia
ALBERTO CREMONA
Direttore creativo
ALESSANDRO PETRINI
PINO PILLA
Art director
STEFANO BASILE
Copywriter
ROSSELLA CALABRÒ
Grafico
SALVATORE SOLDANO
Fotografo
JAIME DE LA PEÑA

Cliente
PURINA
Agenzia
SAATCHI & SAATCHI
ADVERTISING
Direttore creativo
MAURIZIO D'ADDA
GIAMPIERO
VIGORELLI
Art director
ROBERTO BATTAGLIA
Copywriter
STEFANO CAMPORA
Illustratore
SILVIA DEL VECCHIO

Cliente
COSMIT
Agenzia
STZ
Direttore creativo
FRITZ TSCHIRREN
Art director
FRITZ TSCHIRREN
Copywriter
MARCO FERRI
Fotografo
ARCHIVIO

Cliente
ENI
Agenzia
ARMANDO TESTA
Direttore creativo
L. MARINI / M. SALA
Art director
MADDALENA SGUARIO
Copywriter
MAURIZIO SALA
Grafico
MADDALENA SGUARIO

Gruppo Eni. L'energia della cultura.

Il mondo dell'energia incontra il mondo della cultura. Insieme portano l'Italia ogni giorno più vicina al futuro.
È con questo impegno che il Gruppo ENI opera da anni per la realizzazione di eventi culturali e artistici in Italia e nel mondo.
Una presenza costante con la sponsorizzazione della stagione lirica della

Scala, ma anche con incontri culturali, mostre, restauri e altre iniziative nei centri di maggior interesse storico e artistico.
Una particolare attenzione è rivolta anche al mondo dei giovani, dell'educazione e della scuola.
Tutte le Società del Gruppo partecipano con lo stesso entusiasmo e la stessa volontà alla costruzione di

un'Italia più colta e più informata.
Anche per questo ENI significa progresso.

Eni
Finché c'è ENI, ci sarà energia.

L'Eni nel Mezzogiorno: un intervento globale.

La costruzione di un futuro energetico migliore per l'Italia e gli italiani non può non passare per tutto il Mezzogiorno.
L'impegno di ENI e delle sue Società si rivolge sempre più in questa direzione, con un intenso sviluppo delle attività minerarie di esplorazione e produzione di idrocarburi, con il completamento del programma di metanizzazione, con la messa a punto delle strutture di raffinazione e la costruzione di nuovi impianti.

Tutto questo aiuterà a raggiungere nel 1992 un obiettivo di 6 milioni di tonnellate di greggio e oltre 17 miliardi di metri cubi di gas estratti in tutto il Paese.
Determinante ai fini di questo traguardo sarà l'attività ENI nel Mezzogiorno, dove sono già stati investiti più di 1.000 miliardi negli ultimi anni.
Ma ENI nel Mezzogiorno significherà anche proseguire in una corretta tutela ambientale, in una valorizzazione

delle risorse idriche, nello sviluppo di nuove tecnologie energetiche, nella crescita agricola attraverso biotecnologie avanzate.
Ogni giorno che passa, il Mezzogiorno cammina con ENI sulla strada del futuro.

Eni
Finché c'è ENI, ci sarà energia.

La cooperazione internazionale è la strada migliore.

Un nome italiano famoso in tutto il mondo: Gruppo ENI.
Un grande sistema di uomini e mezzi al lavoro ogni giorno in cinque continenti con un'ampia gamma di attività diverse.
Dagli accordi in Medio Oriente alle joint-ventures in Africa, ai contratti con l'RSS e Cina, ENI ha sempre dato un

impulso fondamentale alla creazione e allo sviluppo di nuovi mercati esteri, per far crescere l'Italia da tutti gli angoli del nostro pianeta.
Oggi il Gruppo ENI realizza un terzo del suo fatturato attraverso attività svolte oltre frontiera: Energia, Chimica, Ingegneria e Servizi, Meccanica, Meccano-Tessile, Metallurgia.

È un impegno continuo, destinato a crescere ogni anno di più. Per ENI, e per tutti noi, la strada giusta è quella che attraversa il mondo.

Eni
Finché c'è ENI, ci sarà energia.

Eni ufficio stampa: l'informazione al vostro servizio.

Una grande realtà operativa come il Gruppo ENI produce fatti concreti ogni giorno, e insieme a questi produce informazione.
Notizie, dati, fotografie e illustrazioni, riprese filmate sulle attività del Gruppo, in Italia come in tutto il mondo.
Il come, il perché e il quando di un

L'Ufficio Stampa offre tutto questo, organizza inoltre visite a stabilimenti, impianti e laboratori di ricerca scientifica, per conoscere nei minimi dettagli il lavoro dell'ENI in tutti i campi in cui opera.

grande sistema di uomini e di mezzi proiettato verso il futuro del nostro Paese.

Eni
Finché c'è ENI, ci sarà energia.

Eni: immagini di un grande gruppo.

La magia del cinema, il fascino di una grande realtà operativa come ENI, che da anni percorre tutto il mondo per assicurare all'Italia l'energia quotidiana.

L'unione di questi due elementi fissa sulla pellicola un irripetibile patrimonio storico e informativo, alla creazione del quale hanno contribuito alcuni tra gli autori più affermati del nostro cinema.

Ad "Audiovisivi ENI" il merito di aver prodotto e realizzato negli anni un'immensa mole di materiale visivo, a testimonianza di un impegno ENI che continua ogni giorno di più in Italia come all'estero.

Finché c'è ENI, ci sarà energia.

ENI Scuola. Energia per crescere.

L'ENI partecipa attivamente al processo di formazione dei giovani attraverso una struttura - l'ENI Scuola - che coordina una serie d'iniziative indirizzate ai giovani e generalmente legate ai temi dell'energia, dell'ambiente e della cultura: mostre, convegni, visite guidate agli impianti industriali, diffusione di materiale audiovisivo, ricerche didattiche e specifica documentazione.

Contribuisce così al processo di formazione dei giovani del nostro Paese. Ma non solo questo.

Per intrattenere un legame continuo tra scuola, impresa e società civile, l'ENI Scuola dà il suo apporto anche ad iniziative culturali legate alla scienza, alla storia, all'arte e alla musica.

Il futuro ha bisogno di energia, di cultura, di impegno. Finché c'è ENI, tutto questo ci sarà.

SCUOLA

PUBBLICITÀ ESTERNA

Presidente:
ROBERTO GARIBOLDI

Segretario:
FRANCESCO RIZZI

NICOLA BARRACCHIA
ANDREA BAYER
ANDREA CONCATO
ROBERTO CONTI
MARCO FERRI
PAOLA NAPOLITANI
STEFANO PALOMBI
PAOLO SAVIGNANO
ENZO STERPI
ANNAMARIA TESTA
PAOLO TONELLI
PAOLO TORCHETTI
AGOSTINO TOSCANA

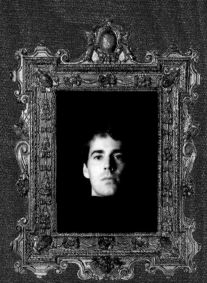

Vent'anni dalla parte del torto.

1971-1991: vent'anni de "il manifesto".

Venti anni d'informazione senza padroni, contro le verità nebulose imposte dal Palazzo più corrotto d'Europa, e dai Palazzi di tutto il mondo.

Venti anni di giornalismo vivo, sveglio, ma fuori dalle mode. Venti anni di vita dedicati a tutte le persone che hanno ancora voglia di pensare e di capire cosa c'è dietro alle facciate ridipinte di fresco.

Cento di questi venti anni.

il manifesto
Non sparare

Cliente
IL MANIFESTO
Agenzia
FCA/SBP
Direttore creativo
LELE PANZERI
Art director
LELE PANZERI
Copywriter
SANDRO BALDONI

Cliente
BENETTON SPA
Direttore creativo
OLIVIERO TOSCANI
Art director
OLIVIERO TOSCANI
Grafico
**SALVATORE
GREGORIETTI**
Fotografo
OLIVIERO TOSCANI

Cliente
**COMUNITÀ DI
S. EGIDIO**
Agenzia
**SAATCHI & SAATCHI
ADVERTISING**
Direttore creativo
GUIDO CORNARA
Art director
FABIO FERRI
Copywriter
**STEFANO MARIA
PALOMBI**
Fotografo
**V. DE BERARDINIS
LJUBODRAG ANDRIC**

A Roma 200.000 anziani vivono soli. Aiutaci ad aiutarli.

Cliente
MAGLIFICIO
CALZATURIFICIO
TORINESE
Agenzia
BARBELLA GAGLIARDI
SAFFIRIO
Direttore creativo
PASQUALE BARBELLA
Art director
LUCA BONACINA
Copywriter
PASQUALE BARBELLA
Fotografo
PAOLO GANDOLA

VESTITEVI COME KAPPA VI PARE.

Cliente
GREENPEACE
Agenzia
SAATCHI & SAATCHI
ADVERTISING
Direttore creativo
GUIDO CORNARA
LUCA ALBANESE
Art director
LUCA ALBANESE
Copywriter
STEFANO MARIA
PALOMBI

Fa
più
male
la
carota
del
bastone.

GREENPEACE

I pesticidi avvelenano la frutta e la verdura che mangiamo.

CAMPAGNA PER UN'AGRICOLTURA PULITA

Cliente
COOP
Agenzia
SAATCHI & SAATCHI
ADVERTISING
Direttore creativo
MAURIZIO D'ADDA
GIAMPIERO
VIGORELLI
Art director
ROBERTO BATTAGLIA
Copywriter
STEFANO CAMPORA
Fotografo
REPERTORIO
Illustratore
GRAZIANO ROS

Cliente
FABOZZI ONORANZE
FUNEBRI
Agenzia
REGGIO DEL BRAVO
PUBBLICITÀ s.r.l.
Art director
AGOSTINO REGGIO
Copywriter
PAOLO DEL BRAVO
Grafico
LEANDRO CASINI

MOLTI HANNO SMESSO
DI FUMARE DA NOI.

'23 23 23 23
E. FABOZZI ONORANZE FUNEBRI

ATTENZIONE ALL'ALCOOL.
SENNO' CI VEDRETE DOPPI.

'23 23 23 23
E. FABOZZI ONORANZE FUNEBRI

Cliente
ZANUSSI
Agenzia
PIRELLA GÖETTSCHE
LOWE S.p.A.
Art director
MARISA AGRESTI
Copywriter
EMANUELE PIRELLA
Fotografo
JOHN TURNER
Model Maker
GUY HODKINSON

Cliente
AUTOGERMA S.p.A
Agenzia
VERBA DDB NEEDHAM
Direttore creativo
GIANFRANCO
MARABELLI
Art director
STEFANO LONGONI
Copywriter
ENRICO BONOMINI
Agency producer
MARCO MORONI
Fotografo
GAETANO CREMONINI

Cliente
TDK
Agenzia
RSCG MEZZANO
COSTANTINI MIGNANI
Direttore creativo
MARCO MIGNANI
Art director
PRIMAROSA PISONI
Copywriter
SALVATORE TARALLO
Fotografo
FABRIZIO FERRI

Cliente
MANIFATTURA
MARIO COLOMBO
Agenzia
YOUNG & RUBICAM
ITALIA SpA
Direttore creativo
ROBERTO FIAMENGHI
Art director
ROBERTO FIAMENGHI
Copywriter
NICOLETTA COCCHI
Fotografo
DESMOND BURDON

Cliente
EDITRICE ABITARE
SEGESTA
Agenzia
GGK MILANO
Direttore creativo
CESARE CASIRAGHI
JAMIE AMBLER
Art director
JAMIE AMBLER
Copywriter
CESARE CASIRAGHI
Fotografo
RAFFAELLO BRÀ

Cliente
ALGIDA
Agenzia
McCANN ERICKSON
Direttore creativo
MILKA POGLIANI
Art director
STEFANO COLOMBO
Copywriter
ALESSANDRO CANALE
Fotografo
MARCEL VAN DER VLUGT

Cliente
G. RICORDI & C.
Agenzia
GGK MILANO
Direttore creativo
**CESARE CASIRAGHI /
JAMIE AMBLER**
Art director
JAMIE AMBLER
Copywriter
CESARE CASIRAGHI
Illustratore
DAN TIERNEY

TELEVISIONE E CINEMA

Presidenti:
FRANCO MORETTI
GAVINO SANNA

Segretaria:
ELENA MARIANO

LUCA ALBANESE
MAURIZIO BADIANI
ENZO BALDONI
MARIA FREDIANI
MICHELE GOETTSCHE
ALDO GUIDI
SILVANO GUIDONE
FABRIZIO GRANATA
MARA MANCINA
ALBA MINADEO
DARIO MONDONICO
TONINO RISULEO
FABRIZIO RUSSO
ALBERTA SCHIATTI
GIAMPIERO VIGORELLI
GIAN PIETRO VINTI
LORENZO ZORDAN

Riassunto

Una strada in mezzo al verde. Una Golf rossa sta percorrendo la strada. Un gregge di pecore arriva in senso contrario a quello della Golf. L'auto rallenta, poi si ferma. È completamente circondata dalle pecore. Poi il gregge passa. L'auto può ripartire, ma una pecora abbandona il gregge e corre dietro alla Golf: è una pecora nera.

Audio

SPEAKER: "Finché ci sarà qualcuno libero di scegliere, ci sarà una Golf".

Summary

A road among the trees. A red Golf is running along the road. A flock of sheeps is coming toward the car. The car shows down, then stops. It is completely sorrounded by the sheep. Then the flock's gone, the car can leave again, but one sheep has left the flock and is running after the Golf: it is a black sheep.

Sound

SPEAKER: "Until there's someone free to choose, there will be a Golf".

Cliente
AUTOGERMA S.p.A
Agenzia
VERBA DDB NEEDHAM
Direttore creativo
GIANFRANCO MARABELLI
ENRICO BONOMINI
Art director
STEFANO LONGONI
Copywriter
ENRICO BONOMINI
Agency producer
FEDERICA CAMURRI
Casa di produzione
FILM MASTER
Producer
FRANCO CUCCU
Ex producer
SONJA KEHL
Regista
BARRY MYERS
Direttore della fotografia
JASON LEHL
Scenografo
CARLO GERVASI
Montatore
ROBERTO CRESCENZI
Musicista
GABRIELE DUCROS

Riassunto

Gli ipotetici attori di un serial, in una
paradossale scena strappalacrime: lui
vuole farla finita, lei non capisce perché.
Il motivo si scopre alla fine: perché una
TV che parla a 40 milioni di persone deve
dare spazio a tanti altri programmi: film,
notiziari, rubriche culturali, etc.

Audio

Lui: "Bianca... dobbiamo smetterla."
Lei: "Nooo... ti prego... dimmi perché
Guglielmo, dimmi?!"
Lui: "Credimi Bianca... non possiamo
proprio andare avanti..."
Lei: "Ma abbiamo appena iniziato!"
Lui: "È finita."
Lei: "Non ci credo, dimmi di no!"
Lui: "Sì."
Lei: "No."
Lui: "È ora, devi capire... dobbiamo dare
spazio al telegiornale e all'attualità..."
Lei: "Ma allora tutti i nostri progetti?!...
vediamoci almeno più tardi!"
Lui: "Più tardi ci sono i film e i programmi
culturali..."
Lei: "Ma Guglielmo?!"
Lui: "Cerca di capire Bianca... ci sono 60
milioni di persone che ci guardano."
SPK: "Per accontentare tutti, bisogna dare
spazio a molte cose."

Summary

The hypothetical actors of a serial are
involved in a paradoxical tear-jerking
scene: he wants to put on end to all this,
she can't understand why. The cause will
be revealed at the end, in fact TV who
speaks to 40 millions people must give
space to a lot of programs: films, news-
bulletin, cultural heading, etc.

Sound

She: "Guglielmo... at last!"
He: "Bianca... we have to stop it."
She: "Stop it?"
He: "That's it."
She: "No... oh, please... tell me why,
Guglielmo, why?!"
He: "Believe me, Bianca: we really can't go
on."
She: "What? We just started!"
He: "It's over."
She: "I can't believe you... tell me this is
not true!"
He: "It is."
She: "Nooo..."
He: "The time has come. We have to make
room for the news and information."
She: "Let's see us later, at least!"
He: "Later there are the movies and the
cultural programs coming."
She: "But... Guglielmo?!"
He: "Cut it out, Bianca. There are 40
million people watching us."
V.O.: To meet everybody's wishes we have
to make room for a lot of things.

Cliente
RAI -
RADIOTELEVISIONE
ITALIANA
Agenzia
McCANN ERICKSON
ROMA
Direttore creativo
OSCAR MOLINARI
Art director
LUCA ALBANESE
Copywriter
ANTONIO MACCARIO
Agency producer
LORELLA STORTINI
Casa di produzione
CINETEAM
Producer
CHRIS OSTROWSKY
Regista
ENRICO SANNIA
Direttore della
fotografia
ARMANDO NANNUZZI

Riassunto

Una famiglia un po' grassottella visita la
mostra di Botero. Arrivata davanti a un
quadro che la ritrae esprime sbigottimento
non riconoscendosi affatto. Lo stesso
sbigottimento che esprimerà davanti a una
Renault Clio Baccara.

Audio

SPEAKER: A Roma, fino al 2 Febbraio, c'è
un evento straordinario: la prima mostra
antologica in Italia di un grande artista
contemporaneo.
UOMO: Boh!?
SPEAKER: Botero, al Palazzo delle
Esposizioni di Roma.
Un evento firmato Renault Clio Baccara.
UOMO: Bah!?
SPEAKER: Renault Clio Baccara. Il lusso
di passare inosservati.

Summary

The film utilizes a strong expressive idea;
a typical family doesn't understand two
cult objects like Botero's works and
Renault Clio Baccara.

Sound

SPK Man: In Rome until february the 2nd
there is an extraordinary event. The first
antological exibition in Italy of the most
important contemporary artist.
SPK Man:
Boh!!
SPK Man: Botero! At the exposition Palace
in Rome. An event signed by Renault Clio
Baccara.
Bah!!
SPK Woman: Renault Clio Baccara. The
luxury of going by unnoticed.

Cliente
RENAULT ITALIA
Agenzia
**SAATCHI & SAATCHI
ADVERTISING**
Direttore creativo
**MAURIZIO D'ADDA
GIAMPIERO
VIGORELLI**
Art director
CARLO SPOLDI
Copywriter
COSIMO MINERVINI
Agency producer
FRANCESCA NUSSIO
Casa di produzione
N.P.A. & PARTNERS
Producer
**LUCA CIARLA
ROBERTA SPADONI**
Regista
**GIANPIETRO
VIGORELLI**
Direttore della
fotografia
**CLAUDIO
COLLEPICCOLO**
Scenografo
MAURO RADAELLI
Montatore
FEDERICA LANG
Musicista
MARIO SAROGLIA

Riassunto

La genuinità degli antichi sapori tradizionali italiani non è andata persa: per questo possiamo ancora trovare feste di paese come quella del film i cui protagonisti sono molto più veri di quanto sembri.

Audio

Claim: "Salumi Unibon. Dall'Emilia con sapore."

Summary

The authenticity of the old traditional italian tastes is not lost: that's why we can still find country feasts like the one in the spot in which the heroes are much more likely than what it seems.

Sound

Claim: "Unibon Salami. From Emilia with taste."

Cliente
UNIBON -
SALUMIFICIO
MODENA
Agenzia
DMB&B BOLOGNA
S.p.A.
Art director
DARIO MONDONICO
Copywriter
ENRICO CHIARUGI
Agency producer
MARIA ROSA MALDINI
Casa di produzione
FILM MASTER
Regista
DANIELE LUCHETTI
Direttore della fotografia
AGOSTINO CASTIGLIONI
Scenografo
CARLO GERVASI
Musicista
ROBERTO CACCIAPAGLIA

Audio
Dove c'è Barilla c'è casa.

Audio
Where there's Barilla there's home.

Cliente
BARILLA S.p.A.
Agenzia
YOUNG & RUBICAM
ITALIA S.p.A.
Direttore creativo
GAVINO SANNA
Art director
GAVINO SANNA
Copywriter
GAVINO SANNA
Agency producer
ALESSANDRA
FERRARI
Casa di produzione
BRW
Regista
BOB GIRALDI
Direttore della
fotografia
LARRY FONG
Musicista
JINGLEBELL E
"HYMNE" VANGELIS

Riassunto

Candid camera: un attore, camuffato da
comune avventore di un bar, inzuppa una
brioche nel cappuccino di altri clienti.
Quasi tutti fanno finta di niente o sono
intimoriti. Alla fine un cliente reagisce
indispettito.

Audio

Ogni giorno c'è qualcuno che vive alle tue
spalle. Mangia nel tuo piatto e ti fa pagare
il conto anche per lui. Chi evade le tasse
crede che tu non puoi farci niente. Fai una
cosa. Chiedi la ricevuta fiscale.

Summary

Candid camera: an actor a disguised one
as a bar customer, soaks a brioche in the
others milk and coffee. Most of all pretend
to be unware or are afraid. At the end a
client react irritated.

Sound

If somebody doesn't pay their taxes
they're just feeding off everybody els. Help
stop tax evasion. Always ask for a receipt.

MENZIONE SPECIALE

Cliente
RAI 3
Agenzia
**McCANN ERICKSON
ROMA**
Direttore creativo
OSCAR MOLINARI
Art director
PAOLA MANFRONI
Copywriter
LORENZO DE RITA
Agency producer
LORELLA STORTINI
Casa di produzione
EDIVIDEO

MENZIONE
SPECIALE

Art director
DARIO MONDONICO
Copywriter
ENRICO CHIARUGI
Casa di produzione
NEW WAYS
Producer
STEFANO PATRIZI
Regista
SERGIO ATTARDO
Direttore della
fotografia
EDO CACCIARI
Musicista
EFFETTI: AMCS

Riassunto
Un disco a 33 giri. La testina corre sul disco accompagnata dal rumore di un'auto che accelera, fino a che la testina stessa non esce "fuori strada".

Audio
DUE SUPER: "Sabato sera"
"Dopo la discoteca, un po' di autocontrollo".

Summary
The needle of a record player is running on a record, on the sound track of a speeding car. Eventually if falls off the road.

Sound
SUPER: "Saturday night"
"After the disco, self-control".

Riassunto
Yomo Frutta è un prodotto assolutamente naturale... al punto che i personaggi seminano i vasetti vuoti sperando che spunti una pianta di Yomo!

Audio
Yomo Frutta è sì, un prodotto assolutamente naturale fatto con yogurt purissimo e frutta di grandissima qualità. Sfortunatamente però, questo non significa affatto che la natura riesca a farlo da sola. Yomo Frutta. Fatto di Yogurt, di frutta e di Yomo.

Cliente
SITIA YOMO
Prodotto
YOMO FRUTTA
Agenzia
J. WALTER THOMPSON
Soggetto
CANÉ/NOTTE/NEVE
Direttore creativo
DANIELE CIMA
Art director
DANIELE CIMA
PIERO ABBRUZZO
Copywriter
ANNA MONTEFUSCO
DANIELE CIMA
Producer
LILLI MODICA
Resp. contatto
GIUSEPPE MONFRINI
Casa di produzione
BFCS
Regista
BOB BROOKS
Direttore della fotografia
DAVID WALSH
Producer
FEDERICO TURCHETTI
Scenografo
DAVID BUTT
Montatore
MICHELLE DAVIES
Musica
PROKOFIEV

Cliente
SITIA YOMO
Prodotto
YOMO FRUTTA
Agenzia
J. WALTER THOMPSON
Soggetto
CANÉ/NOTTE/NEVE
Direttore creativo
DANIELE CIMA
Art director
DANIELE CIMA
PIERO ABBRUZZO
Copywriter
ANNA MONTEFUSCO
DANIELE CIMA
Producer
LILLI MODICA
Resp. contatto
GIUSEPPE MONFRINI
Casa di produzione
BFCS
Regista
BOB BROOKS
Direttore della
fotografia
DAVID WALSH
Producer
**FEDERICO
TURCHETTI**
Scenografo
DAVID BUTT
Montatore
MICHELLE DAVIES
Musica
PROKOFIEV

Riassunto
Yomo Frutta è un prodotto assolutamente
naturale... al punto che i personaggi
seminano i vasetti vuoti sperando che
spunti una pianta di Yomo!

Audio
Yomo Frutta è sì, un prodotto
assolutamente naturale fatto con yogurt
purissimo e frutta di grandissima qualità.
Sfortunatamente però, questo non
significa affatto che la natura riesca a
farlo da sola. Yomo Frutta. Fatto di
Yogurt, di frutta e di Yomo.

Riassunto

Yomo Frutta è un prodotto assolutamente
naturale... al punto che i personaggi
seminano i vasetti vuoti sperando che
spunti una pianta di Yomo!

Audio

Yomo Frutta è sì, un prodotto
assolutamente naturale fatto con yogurt
purissimo e frutta di grandissima qualità.
Sfortunatamente però, questo non
significa affatto che la natura riesca a
farlo da sola. Yomo Frutta. Fatto di
Yogurt, di frutta e di Yomo.

Cliente
SITIA YOMO
Prodotto
YOMO FRUTTA
Agenzia
J. WALTER THOMPSON
Soggetto
CANÉ/NOTTE/NEVE
Direttore creativo
DANIELE CIMA
Art director
DANIELE CIMA
PIERO ABBRUZZO
Copywriter
ANNA MONTEFUSCO
DANIELE CIMA
Producer
LILLI MODICA
Resp. contatto
GIUSEPPE MONFRINI
Casa di produzione
BFCS
Regista
BOB BROOKS
Direttore della
fotografia
DAVID WALSH
Producer
**FEDERICO
TURCHETTI**
Scenografo
DAVID BUTT
Montatore
MICHELLE DAVIES
Musica
PROKOFIEV

Cliente
**KRAFT GENERAL
FOODS**
Agenzia
J. WALTER THOMPSON
Direttore creativo
DANIELE CIMA
Art director
**MARCO PUPELLA
DANIELE CIMA**
Copywriter
BEPPE VIOLA
Agency producer
FRANCA MAINO
Casa di produzione
BFCS
Producer
SILVIA BLOSI
Regista
BOB BROOKS
Direttore della
fotografia
BOB BROOKS
Scenografo
ENRICO TOVAGLIERI
Montatore
CLAUDIO PESSINA

In Televisione Non Si Può
Confrontare Il Gusto Del Nostro Prodotto
Con Quello Della Concorrenza.

In Televisione Non Si Può
Confrontare Il Gusto Del Nostro Prodotto
Con Quello Della Concorrenza.

Il Confronto, Fatelo Voi.

Riassunto

Un pezzo grosso della Negroni racconta al pubblico le qualità superiori di Negronetto, ma la censura televisiva, che non permette di fare paragoni con gli altri prodotti (vedi super per tutto il film) gli nasconde il labiale con il classico tassello nero.

Audio

"Eccomi di nuovo per spiegarvi perché il gusto di Negronetto, lo dice anche il suo profumo, è veramente BIP. Basta assaggiarlo per dire: è il più BIP. È il più BIP, perché Negronetto è l'unico che nasce dalla BIP, BIP, BIP tradizione di Negroni.

Summary

I'm back here to tell you the reason why the Negronetto's taste is the best. Even its smell will tell you that it is really the .... You only need to taste it to say that it is the ...., it is the...., it is the... Because Negronetto is the only one that comes from the ...., ..., ... tradition of Negroni.
"There are millions of stars, the Negroni star means quality" (singing it)

Sound

SUPER: "It's impossible to compare the taste of our product to that of the competition, on television".
"The comparison it's up to you".
NOTE: since the actor's mouth is blotted out it is impossible to understand what he is saying.

Riassunto

Un pezzo grosso della Negroni cerca di raccontare al pubblico le qualità superiori di Negronetto ma la censura televisiva che non permette di fare paragoni con gli altri prodotti (vedi super per tutto il film) lo imbavaglia costringendolo a ricorrere alla sua mimica.

Audio

Mugolii per tutto il film

Summary

There is no copy because the actor is gagged.

Sound

SUPER: "It's possible to compare the taste of our product to that of the competition, on television".

"The comparison it's up to you".

Cliente
KRAFT GENERAL FOODS
Agenzia
J. WALTER THOMPSON
Direttore creativo
DANIELE CIMA
Art director
MARCO PUPELLA
DANIELE CIMA
Copywriter
BEPPE VIOLA
Agency producer
FRANCA MAINO
Casa di produzione
BFCS
Producer
SILVIA BLOSI
Regista
BOB BROOKS
Direttore della fotografia
BOB BROOKS
Scenografo
ENRICO TOVAGLIERI
Montatore
CLAUDIO PESSINA

Cliente
KRAFT GENERAL
FOODS
Agenzia
J. WALTER THOMPSON
Direttore creativo
DANIELE CIMA
Art director
MARCO PUPELLA
DANIELE CIMA
Copywriter
BEPPE VIOLA
Agency producer
FRANCA MAINO
Casa di produzione
BFCS
Producer
SILVIA BLOSI
Regista
BOB BROOKS
Direttore della
fotografia
BOB BROOKS
Scenografo
ENRICO TOVAGLIERI
Montatore
CLAUDIO PESSINA

Riassunto

Un pezzo grosso della Negroni cerca di raccontare al pubblico le qualità superiori di Negronetto ma la censura televisiva che non permette di fare paragoni con gli altri prodotti (vedi super per tutto il film) lo imbavaglia e lo lega in modo che lui riesce solo ad avvicinarsi al prodotto e mugulare il jingle.

Summary

There is no copy. The actor is gagged and tied up.

Sound

SUPER: "It's impossible to compare the taste of our product to that of the competition, on television".
"The comparison it's up to you".

Riassunto

Vediamo sbucare l'auto da un muro di
pioggia. La musica accompagna i
movimenti dell'auto. Mentre la pioggia
aumenta, vediamo l'auto procedere decisa,
sicura. Nelle ultime inquadrature l'auto si
allontana sotto la pioggia, mentre il
crescendo della canzone e le parole dello
speaker si contrappongono a dimostrare la
serenità del guidatore.

Audio

"La serenità non è un fatto
metereologico".

Summary

A car appears beneath a wall of rain. The
tune "O sole mio" accompanies it as it
drives along smoothly. While the rain is
pouring harder, we can see the car
running steadily. In the last scenes the car
drives away under the rain, while the
crescendo of the "O sole mio" tune and the
speaker's words are opposed to show the
serenity experienced by the driver of the
car.

Sound

"Serenity is not a metereological fact"

Cliente
AUTOGERMA S.p.A.
Agenzia
VERBA DDB NEEDHAM
Direttore creativo
GIANFRANCO
MARABELLI
Art director
STEFANO LONGONI
Copywriter
ENRICO BONOMINI
Agency producer
FEDERICA CAMURRI
Casa di produzione
FILM MASTER
Producer
FRANCO CUCCU
Regista
HUGH JOHNSON
Musicista
JINGLEBELL

Cliente
L'UNITÀ EDITRICE
Agenzia
**REGGIO DEL BRAVO
PUBBLICITÀ**
Art director
AGOSTINO REGGIO
Copywriter
PAOLO DEL BRAVO
Agency producer
PAOLA ROTA
Casa di produzione
**DM di
DONATELLA MORANDI**
Producer
DONATELLA MORANDI
Regista
**HORACIO
MONTEVERDE**

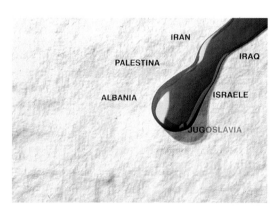

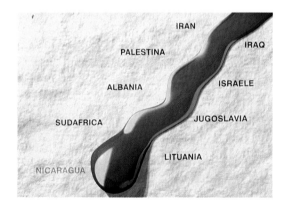

Riassunto

Una goccia di sangue attraversa lo schermo toccando i luoghi dove avvengono i conflitti.

Audio

SPK FC: La storia, storia di popoli e lotte, storia di speranze, di campi di battaglia e vicoli ciechi, storia intricata, storia di torti e ragioni, storia insanguinata. È storia di tutti i giorni, è la Storia dell'oggi. Storia dell'oggi: i fascicoli per conoscere e capire Paesi, protagonisti e questioni. Ogni sabato con l'Unità.

Summary

A drop of blood crosses television screen touching places where conflicts happen.

Sound

SPK FC: "The history, history of peoples and of fights, history of hopes, of battle-fields and blind alleys, tangled history, history of wrongs and rights, bloodstained history. It's present-day history. Present day history: the numbers to know and to realize countries, protagonists and matters. Every Saturday with L'Unità".

Audio
Amaro Averna.
Il gusto pieno della vita.

Audio
Amaro Averna. The full zest of life.

Cliente
F.LLI AVERNA S.p.A.
Agenzia
YOUNG & RUBICAM
ITALIA S.p.A.
Direttore creativo
GAVINO SANNA
Art director
GAVINO SANNA
Agency producer
ALESSANDRA
FERRARI
Casa di produzione
FILM MASTER
Regista
HUGH JOHNSON
Direttore della
fotografia
HUGH JOHNSON
Musicista
JIM REEVS
"WELCOME TO MY
WORLD"

Cliente
GREENPEACE

Agenzia
**SAATCHI & SAATCHI
ADVERTISING**

Direttore creativo
**GUIDO CORNARA
LUCA ALBANESI**

Art Director
FRANCESCA RISOLO

Copywriter
**GUIDO CORNARA
STEFANO MARIA
PALOMBI**

Agency producer
FABRIZIO CONTE

Casa di produzione
LVR

Montatore
**SANDRO BONANNO
ANNA MARIA
CASTALDI**

Riassunto
La terra brucia e si annerisce, così come le
sue foreste.

Audio
Effetti sonori: incendio, sirene.

Summary
The Earth burns and blackens, just as its
forests.

Sound
Sound effects: fire, siren.

Riassunto
La terra sta per finire, sta per uscire di
scena.

Audio
Musica: fine delle trasmissioni.

Summary
The Earth it's over, is going out or the
scene.

Sound
Music: end of the telecast.

Cliente
GREENPEACE
Agenzia
**SAATCHI & SAATCHI
ADVERTISING**
Direttore creativo
**GUIDO CORNARA
LUCA ALBANESI**
Art Director
FRANCESCA RISOLO
Copywriter
**GUIDO CORNARA
STEFANO MARIA
PALOMBI**
Agency producer
FABRIZIO CONTE
Casa di produzione
LVR
Montatore
**SANDRO BONANNO
ANNA MARIA
CASTALDI**

Cliente
ESSO ITALIANA S.p.A.
Agenzia
**MC CANN ERICKSON
ITALIANA S.p.A.**
Direttore creativo
OSCAR MOLINARI
Art director
TONINO RISULEO
Agency producer
LORELLA STORTINI
Casa di produzione
**CENTRAL
PRODUCTIONS s.r.l.**
Producer
ANDREA BINDA
Regista
WILLY SMAX
Direttore della
fotografia
ADRIAN WILD
Scenografo
**GED CLARKE
MARCO BELLUZZI**
Montatore
ANNA NAPOLI
Musicista
**GIGI FARINA
PIXEL SOUND**

Riassunto

Un divertente gioco di parole affiancato da simpatiche immagini per lanciare il concorso della Esso

Audio

SPEAKER: C'è lo strappo del vestito, e lo strappo del tessuto. C'è lo strappo muscolare e lo "strapazzo". No, non lo strappo che fa il pazzo: lo *strap pazzo*. Chiedi la cartolina alla Esso. Ogni 20.000 lire di benzina o diesel, puoi vincere subito un miliardo di buoni carburante e 100 Peugeot 205. E se non vinci Esso ti dà uno strappo a New York. Sei un pazzo se non fai con Esso lo *strap pazzo*.

Summary

An amusing play of words coupled by pleasant images to launch the Esso competition.

Sound

SPEAKER: There is the tear of the dress and the tear of the cloth. There is the sprain and the "strapazzo". No, not the tear of a crazy man: the *strap pazzo*. Ask for the Esso post card. Each 20.000 lires of petrol or diesel, you can win immediatly one milliard of petrol and 100 Peugeot 205. And if you don't win, Esso gives you a tear to New York. You are crazy if you don't do with Esso the *strap pazzo*.

Riassunto

Due ragazzi parlano tra loro di una donna di nome Rosa. Si scopre poi che Rosa non è una ragazza ma un'anziana assistita dalla Comunità.

Audio

Fabio: "Marco, Marco che fai stasera?"

Marco: "Vado da Rosa"

Fabio: "Rosa eh? E da quanto tempo state insieme?"

Marco: "Eh, ormai sono due mesi"

Fabio: "E dimmi un po', com'è?"

Marco: "Caruccia, ammazza"

Fabio: "Perché non usciamo tutti insieme? Magari c'ha 'na amica..."

Marco: "Magari, lei non può"

Fabio: "Non può uscire la sera? E quanti anni c'ha, dodici?"

Marco: "No, ottantadue."

SPK: Ogni giorno aiutiamo migliaia di anziani soli, per continuare abbiamo bisogno di un aiuto economico. Anche piccolo.

Super: Comunità di S. Egidio - Telefono 06-5895945

Summary

Two guys talk about a woman called Rosa. We then discover that Rosa is not a girl but an old lady assisted by the Comunità.

Sound

Fabio: "Marco, Marco what are you doing tonight"

Marco: "I'm going to meet Rosa"

Fabio: "Rosa eh? And since when you are dating?"

Marco: "Eh, it's already two months"

Fabio: "And tell me, how is she?"

Marco: "Gosh, she's nice"

Fabio: "Why don't we go out all together? Maybe she has a friend..."

Marco: "If only she could"

Fabio: "Why, can't she go out at night? And how old is she, twelve?"

Marco: "No, eightytwo"

Spk: Every day we help thousands of old people left alone, to continue in doing this we need your economic help. Even if small.

Super: Comunità di S. Egidio - Telefono 06-5895945

Cliente
COMUNITÀ DI S. EGIDIO
Agenzia
SAATCHI & SAATCHI ADVERTISING
Direttore creativo
GUIDO CORNARA
LUCA ALBANESE
Art director
FABIO FERRI
Copywriter
STEFANO MARIA PALOMBI
Agency producer
FABRIZIO CONTE
Casa di produzione
MERCURIO
Producer
ANTONIO ALVAREZ
ROBERTO CACIOTTO
Regista
RICKY TOGNAZZI
Direttore della fotografia
GIANNI MARRAS
Montatore
AMBRA GIAMBOLINI
Musicista
TUCK & PATTY

Cliente
ITALACQUAE S.p.A.
Agenzia
TBWA ITALIA S.p.A.
Direttore creativo
ANDREA CONCATO
Art director
GIOVANNI PAGANO
Copywriter
ELENA TRALLI
GEORGIA
SPACCAPIETRA
Agency producer
VALENTINA TROTTA
Casa di produzione
BBE
CINEMATOGRAFICA
Regista
FRANCISCO DANIEL
Direttore della
fotografia
FRANCISCO DANIEL
Montatore
LUCA BERARDINELLI
Musicista
MUSIC PRODUCTION
"SIR DUKE" DI
STEVE WONDER

Riassunto

Nel commercial si gioca intorno alla forza simbolica della silhouette, intesa come snellezza, perfetta forma fisica, fitness. La promessa è infatti: se bevi tutti i giorni acqua minerale Boario, migliorerai la tua linea.

Audio

C'è una linea che dice come vivi, mangia leggero, fai un po' di movimento e bevi tutto il giorno. Acqua minerale Boario Silia. Se la bevi, si vede.

Summary

In this commercial we play around the symbolic force of the silhouette meaning slim figure, perfect physical form, fitness. The promise, in fact, is: if you drink Boario Mineral Water all day, you will improve your figure.

Sound

There is a shape that shows the way you live, just eat light, be active and drink all day long. Boario Silia Mineral Water. If you drink it, they can say it.

Riassunto

L'influenza sta arrivando, ma non tutti
possono permettersi di prenderla.
Tranquilli. È già arrivato il vaccino.

Audio

Sta arrivando l'influenza, è già arrivato il
vaccino.

Summary

Flu is coming, but it might be dangerous
for somebody. But don't worry: the
vaccine has already arrived.

Sound

Flu is coming; the vaccine is already here.

Cliente
SCLAVO
Agenzia
TBWA ITALIA
(SEDE DI ROMA)
Direttore creativo
PIERALVISE ZORZI
Art director
LUCIANO NARDI
Copywriter
PIERALVISE ZORZI
MINISTERO
DELLA SANITÀ
Agency producer
EVA BENEDETTI
Grafico
FRANCO SORICHETTI
Illustratore
FRANCO SORICHETTI
Casa di produzione
CINETEAM
Producer
ALDO RAPARELLI
Regista
FRANCO SORICHETTI
Musicista
GIANCARLO GREVI

Cliente
RAI - ANTONIO
LUBRANO
Agenzia
TBWA ITALIA S.p.A.
Direttore creativo
ANDREA CONCATO
Art director
ANDREA CONCATO
Copywriter
ANDREA CONCATO
Agency producer
LUCA BACCI
ORIANA BOLE
Casa di produzione
BBE
CINEMATOGRAFICA
Producer
MAX BRUN
Regista
ANDREA CONCATO
Direttore della
fotografia
FABRIZIO DONVITO
Montaggio
LUCA BERARDINELLI

La corsia d'emergenza e' la corsia della vita.

Audio

Io, coltivo un rancore molto forte verso chi in autostrada sorpassa la coda destra sulla corsia di emergenza. E ho una ragione per farlo. Qualche giorno fa ho avuto un incidente. Mi sono ferito. Dietro di me coda. E sulla corsia di emergenza passavano i soliti furbi. Che poi, si sono dovuti fermare. L'ambulanza per me è arrivata troppo tardi. Sapete cosa mi è successo. Una cosa molto semplice. Sono morto.

Sound

I bear those who pass the queues on the highway by emergency line a very strong grudge.
I have an important motivation to do it.
Some days ago I was involved in an accident.
I was hurted.
Behind me, a queue was formed.
And on the emergency line a lot of arrant rogues tried to pass by. But then even them had to stop.
So the ambulance for me came late. Too late.
Do you know what It happened to me?
A very simply fact.
I'm dead.

Riassunto
Un uomo toglie la sua cravatta e beve un
bicchiere di birra. Dopo una dura giornata
di lavoro niente è più gratificante di
Dreher.

Audio
Adesso Dreher

Summary
A man takes off his tie and drinks beer.
After a hard day of work there's nothing
more gratifying.

Audio
Now Dreher.

Cliente
DREHER
Agenzia
ATA TONIC
Direttore creativo
ALBERTO DE MARTINI
FABRIZIO GRANATA
Art director
PIERO ADDIS
Copywriter
SIMONE DE MARTINI
Agency producer
GIGI BASILICO
Casa di produzione
FILM 77
Producer
NINA ABRILE
Regista
GIAN ABRILE
Direttore della
fotografia
ALVARO PIANEZZI

Cliente
**RAI -
RADIOTELEVISIONE
ITALIANA**
Agenzia
**MC CANN ERICKSON
ROMA**
Direttore creativo
OSCAR MOLINARI
Art director
LUCA ALBANESE
Copywriter
ANTONIO MACCARIO
Agency producer
LORELLA STORTINI
Casa di produzione
CINETEAM
Producer
CHRIS OSTROWSKY
Regista
ENRICO SANNIA
Direttore della
fotografia
DIDO MARIANI

Riassunto
In un paradossale confronto con il canone
un grosso cane ci mostra tutto quello che
sa fare.

Audio
"Chi vi permette di passare da Roma a New
York per sapere tutto quello che succede?
Chi può portare direttamente a casa vostra
gli assoli di Vialli?
Chi può offrirvi un giallo o un rosa per
dimenticare una giornata grigia?
Chi vi tiene svegli anche quando gli altri
dormono?
Chi sa darvi emozioni senza troppe
interruzioni?...
Solo il canone.
Vogliamo molto bene al cane e gli
chiediamo scusa se...
...anche quest'anno, il canone costa meno
di un cane".

Summary
In a paradoxical comparison with the
licence fee (canone = big dog) a big dog
shows all it can do.

Sound
"Who allows you to leave from Rome to
New York to know what's happening?"
"Who can bring you Vialli's a solo directly
at home?"
"Who can offer you a yellow or a pink to
forget a grey day?"
"Who keeps you awake even when the
others sleep?"
"Who can give you emotions without many
interruptions?"
Only the licence fee. We love the dog and
we are sorry if...
...even this year licence fee is cheaper
than a dog.

Riassunto

Un uomo, all'interno di un loft, si appresta ad ingrandire lo spazio, scavato in un muro, dove è già inserita l'enciclopedia, per fare spazio ai 5 nuovi volumi.

Audio

Grande Enciclopedia Treccani Appendice 1992 - Treccani scolpisce lo spazio del nuovo sapere.

Summary

Inside a loft, a man digs into the wall, to enlarge the space where he keeps the encyclopedia. He is making a new space for the five new volumes.

Sound

Grande Enciclopedia Treccani V Appendice 1992 - Treccani creates the space for new knowledge.

Cliente
ISTITUTO
ENCICLOPEDIA
ITALIANA
Agenzia
ARMANDO TESTA
Direttore creativo
MAURO MORTAROLI
Art director
MAURO MORTAROLI
Copywriter
ERMINIO PEROCCO
Fotografo
NINO MASCARDI
Casa di produzione
BARZIZZA &
ASSOCIATI
Producer
SERGIO LARDERA
Regista
CARLO A. SIGON
Direttore della
fotografia
GIANCARLO LODI
Scenografo
NADINE ASIOLI
Musicista
FRANCO BATTIATO
"OCEANO DI
SILENZIO"

Cliente
ACRAF
AZIENDE CHIMICHE
RIUNITE FRANCESCO
ANGELINI
Agenzia
ARMANDO TESTA
Direttore creativo
MAURO MORTAROLI
Art director
CLAUDIO ANTONACI
Copywriter
CLAUDIO ANTONACI
Casa di produzione
FILM MASTER
Regista
ALESSANDRO
D'ALATRI
Direttore della
fotografia
CLAUDIO
COLLEPICCOLO
Musicista
GABRIELE DUCROS

Riassunto
Un uomo e una donna seduti su un divano, lei è sofferente. Lui le chiede il motivo: la stitichezza. L'uomo mostra la confezione Verolax. Non serve più aspettare.

Audio
SPEAKER: "VEROLAX. Rapido benessere. VEROLAX glicerina in supposte e microclismi. Dai Laboratori Farmaceutici Angelini. È un medicinale, usare con cautela".

Summary
A man and a woman sitting on a sofa, she looks upset. He asks her whatis the reason why: constipation. The man shows "VEROLAX". You don't have to wait any more.

Sound
SPEAKER: "VEROLAX. Swift wellbeing. VEROLAX. Glycerin in suppositories and microenema. From Laboratori Farmaceutici Angelini. It is a medicine, use with care".

Riassunto

Con la tecnica delle ombre cinesi vengono visualizzati alcuni animali in via di estinzione a causa del commercio illegale di loro souvenir.

Audio

Spk uomo: "Quando alla dogana dite – niente da dichiarare – forse non sapete che ogni anno vengono uccisi 70.000 elefanti. Solo per fare dei souvenir d'avorio. Ma anche i coccodrilli, i rinoceronti, anche le tartarughe e tanti altri animali, pagano con la loro vita il prezzo di molti souvenir. Non comprateli più, o di questi animali non rimarrà nemmeno l'ombra".

Summary

On uses "the ombres chinoises" tecnique to communicate in a clear and simple way the devasting effects of the illegal commerce of animals and plants in extinction.

Sound

SPEAKER: When at customs clearance you say "Nothing to declare", you probably don't know that seventy thousand elephants are killed every day. Just to make souvenirs in ivory. But also crocodiles, rhinos, turtles and many other animals pay the price with their lives, to make these souvenirs. Stop buying them or nothing will remain of these animals, not even their shadows.

WWF TRAFFIC EUROPE

Agenzia
SAATCHI & SAATCHI ADVERTISING

Direttore creativo
MAURIZIO D'ADDA
GIAMPIERO VIGORELLI

Art director
GIGI PIOLA

Copywriter
VINCENZO CELLI

Agency producer
ANDREA CIARLA

Casa di produzione
N.P.A. & PARTNERS

Producer
LUCA CIARLA

Regista
CHARLES ROSE

Direttore della fotografia
CHARLES ROSE

Montatore
FEDERICA LANG

Musicista
MAURO PAGANI

Cliente
CONSORZIO
OBBLIGATORIO DEGLI
OLI USATI
Agenzia
BOZELL TESTA PELLA
ROSSETTI
Direttore creativo
ANNAMARIA TESTA
Art director
UMBERTO
CASAGRANDE
Copywriter
STANISLAO PORZIO
Agency producer
GABRIELE BIFFI
Casa di produzione
CAMERA
Producer
EROS GIOETTO
Regista
TILL NEUBURG
Direttore della
fotografia
NANDO CIANGOLA
Montatore
TILL NEUBURG
Musicista
WILLIAM MARINO

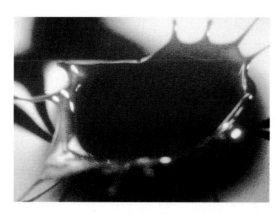

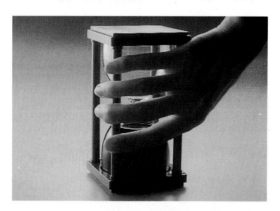

Riassunto

Uno speaker fuori campo informa i telespettatori dei rischi ecologici connessi con l'olio usato. Nel mentre vediamo gocciolare attraverso il collo di una clessidra dell'olio limpido, che nel passaggio diventa nero e sporco. Una mano rovescia la clessidra quando lo speaker invita tutti a consegnare l'olio usato al Consorzio Oli Usati, per farlo rigenerare e per difendere l'ambiente. L'olio, gocciolando nella parte inferiore della clessidra, ritorna limpido.

Audio

Speaker maschile (voce calda, positiva):
"Nero, sporco, inquinante: l'olio lubrificante usato è un tremendo rischio per l'ambiente. Nessuno può lavarsene le mani. Neanche voi. Se avete dell'olio usato, consegnatelo al Consorzio Obbligatorio degli Oli Usati. Il Consorzio lo raccoglie, lo rigenera e difende l'ambiente. Per saperne di più, chiamate questo numero. Grazie".

Summary

A speaker from outside informs the televiewers about the ecological risks linked to the second-hand oil. In the meanwhile you see clear oil dripping throughout the neck of a clepsydra, and doing it, becoming black and dirty. A hand turns the clepsydra upside-down when the speaker asks everybody to deliver second hand-oil to the Compulsory Second-hand Oil Union, to be regenerated and in defense of the environment. The oil, dripping the bottom of the clepsydra, becomes clear again.

Sound

"Black, dirty, pollutant: second-hand lubrificant oil is a tremendous risk for the environment. Nobody can wash his hands. Not even you. If you have any second-hand oil, deliver it to the Compulsory Union for Second-Hand Oil. The Union collects it, regenerates it and preserve the environment. For knowing more, call this number. Thanks."

Riassunto

Il film sottolinea le caratteristiche innovative e la personalità dell'auto attraverso una storia della frontiera americana il cui protagonista è catturato dalla visione dell'auto.

Audio

"Tenetevi forte. È nata Tipo 2016"

Summary

The film underlines the innovative characteristics and the personality of the car through a story of the american frontier in which the human hero is captured by the sight of the car.

Sound

"Hold on tight. Tipo 2016 is born".

Cliente

FIAT AUTO S.p.A.

Agenzia

DMB&B S.p.A.

Direttore creativo

GUIDO CHIOVATO

PAOLA NAPOLITANI

Art director

PIETRO CORDELLI

Copywriter

ANTONIO BRIGUORI

Casa di produzione

FILM MASTER

HSI PRODUCTION

Producer

CRISTINA NARDI

Regista

PAUL GIRAUD

Direttore della fotografia

PAUL GIRAUD

Scenografo

STEVE MOHALL

Montatore

ANTONELLA GALASSI

Musicista

TRIVERS & MEYERS, CALIFORNIA

Cliente
COOP
Agenzia
SAATCHI & SAATCHI
ADVERTISING
Direttore creativo
MAURIZIO D'ADDA
GIAMPIERO
VIGORELLI
Art director
CARLO SPOLDI
WOODY ALLEN
Copywriter
ELIANA FROSALI
WOODY ALLEN
Casa di produzione
B.B.E.
CINEMATOGRAFICA
Producer
LUCA GIBERNA
LUCIA COMELLI
Regista
WOODY ALLEN
Direttore della
fotografia
CARLO DI PALMA
Scenografo
SANTO LOQUASTO
Montatore
SANDY MORSE
Musicista
BEETHOVEN-BACH-
A. JOHNSTON-
FRANCESCA FILM

Riassunto
La scena si svolge in uno studio moderno
di uno psicoanalista. Un uomo sta
raccontando un sogno al suo analista.

Summary
The scene is the modern office or a
psychoanalyst. A man lies on couch
reciting a dream to his analyst.

Riassunto

La scena è un cocktail party raffinato.
Bella gente, musica allegra. Cogliamo
brani di una conversazione chic.

Summary

A sophisticated cocktail party. Wonderful
types, gay music. We pick up snatches of
chic conversation.

Cliente
COOP
Agenzia
**SAATCHI & SAATCHI
ADVERTISING**
Direttore creativo
**MAURIZIO D'ADDA
GIAMPIERO
VIGORELLI**
Art director
**CARLO SPOLDI
WOODY ALLEN**
Copywriter
**ELIANA FROSALI
WOODY ALLEN**
Casa di produzione
**B.B.E.
CINEMATOGRAFICA**
Producer
**LUCA GIBERNA
LUCIA COMELLI**
Regista
WOODY ALLEN
Direttore della
fotografia
CARLO DI PALMA
Scenografo
SANTO LOQUASTO
Montatore
SANDY MORSE
Musicista
**BEETHOVEN-BACH-
A. JOHNSTON-
FRANCESCA FILM**

Cliente
COOP
Agenzia
SAATCHI & SAATCHI
ADVERTISING
Direttore creativo
MAURIZIO D'ADDA
GIAMPIERO
VIGORELLI
Art director
CARLO SPOLDI
WOODY ALLEN
Copywriter
ELIANA FROSALI
WOODY ALLEN
Casa di produzione
B.B.E.
CINEMATOGRAFICA
Producer
LUCA GIBERNA
LUCIA COMELLI
Regista
WOODY ALLEN
Direttore della
fotografia
CARLO DI PALMA
Scenografo
SANTO LOQUASTO
Montatore
SANDY MORSE
Musicista
BEETHOVEN-BACH-
A. JOHNSTON-
FRANCESCA FILM

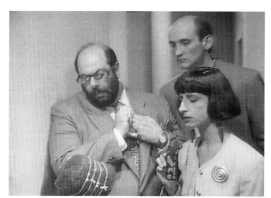

Riassunto

Una galleria d'arte moderna. Tutto molto
contemporaneo e lucente. Vediamo alcuni
appassionati d'arte mentre si soffermano
davanti alle opere esposte (fatte
esclusivamente di carne).

Summary

A modern art gallery. Very contemporary
and dazzling. Some art-lovers are circling
the exhibits which are contemporary art
sculptures made exclusively out of meat.

Riassunto

Lei lo vuole vivo. Una "gang" si mette in moto per catturarlo. Il cerchio si stringe attorno all'obiettivo: non un uomo, ma Belgioioso, ricco di fermenti lattici *vivi*.

Audio

"Lo voglio vivo". "Lo vuole vivo" (3 volte). SPK: "Se lo vuoi vivo vuoi Belgioioso. Fresco, ricco di fermenti lattici vivi. Belgioioso Yomo. Lo voglio vivo".

Summary

She wants it alive. A gang starts to catch him. The circle closes around the objective: not a man, but Belgioioso, so rich with *alive* lactic ferments.

Sound

"I want it alive". "She wants it alive" (3 times). SPK: If you want it alive, you want Belgioioso: fresh, full of alive lactic ferments. Belgioioso Yomo: I want it alive.

Cliente
YOMO
Agenzia
MC CANN ERICKSON MILANO
Direttore creativo
MILKA POGLIANI
Art director
MAURILIO BRINI
Copywriter
MASSIMILIANO SOSSELLA
Agency producer
GIUSEPPE BRANDOLINI
Casa di produzione
FILM MASTER
Producer
CLAUDIO CASTELLANI
Regista
DARIO PIANA
Direttore della fotografia
FRANCO PARONI
Scenografo
MAURO RADAELLI
Montatore
DEDE
Musicista
PATRIZIO FARISELLI
MUSICAL

Cliente
FIAT AUTO S.p.a.
Agenzia
BARBELLA GAGLIARDI
SAFFIRIO
Direttore creativo
SILVIO SAFFIRIO
PIETRO GAGLIARDI
Art director
SILVER VEGLIA
Copywriter
NICOLA MORELLO
Fotografo
FABIO CIANCHETTI
Regista
G. TESCARI
Direttore della
fotografia
FABIO CIANCHETTI

Riassunto

Il patrimonio di simpatia e freschezza del mondo Panda, l'auto scanzonata e passe-partout per definizione, prende vita in nuove situazioni, dove la semplicità e l'immediatezza delle immagini fanno da sfondo a brillanti giochi di parole interpretati vivacemente dalla speaker. Ingrediente essenziale è ancora una volta la musica.

Summary

The young and good natured world of Panda, the easy-going globe-trotting car for excellence, takes life in new brilliant situations. The simple immediate images are the background for clever lines, and once more the music plays an essential part in the spots' dynamics.

Riassunto

Un gruppo di persone lavora in riva al mare: tirano una barca in secca, trasportano resti, due bambini giocano. L'ultima inquadratura dà un senso al loro lavoro: una rete costruita da loro impedisce l'accesso al mare diventato ormai pericoloso per l'uomo.

Audio

SUPER: "Il mare è anche tuo. Aiutaci a salvarlo".

Summary

Goletta Verde is an operation managed by an environmental association which controls the conditions of the sea pollution. The film with a mediterranean musical background is jointed on people images working on the beach. Among them some children are playing. At a certain point the people who were working go away and a child runs towards the shore but it cannot rich the sea: a big net along the whole coast makes it impossible to get in.

Audio

SUPER: "The sea is also yours. Help us to save it."

Cliente
LEGA PER L'AMBIENTE
Prodotto
GOLETTA VERDE
Agenzia
J. WALTER THOMPSON
Soggetto
RETE
Direttore creativo
DANIELE CIMA
Copy
NICOLA ZANARDI
Art
DANIELE CIMA
Producer
FRANCA MAINO
Resp. Contatto
COSTANTINO PAPADIMITRIOU
Casa di produzione
CENTRAL PRODUCTION
Regista
PAOLO CALCAGNI
Direttore della fotografia
AGOSTINO CASTIGLIONI
Producer
LORENZO ULIVIERI
MIMMO CAFFARI
Scenografo
BEN MOOLHUYSEN
Montaggio
PINO GADALETA
Musica
PIPPO RINALDI KABALLÀ

Cliente
**MINISTERO DELLA
SANITÀ**
Agenzia
**PUBLICIS-FCB/MAC
ROMA**
Direttore creativo
SALVO SCIBILIA
Art director
**C. ASHTARI TAFTI
CARLO VENTURA**
Copywriter
ELIANA PAVONCELLO
Agency producer
ANTONIA CAMBIAGHI
Casa di produzione
**BIAGETTI &
PARTNERS**
Regista
JEFF LOVINGER
Direttore della
fotografia
DANTE SPINOTTI
Montatore
PAOLO GHEZZI

Riassunto

Un giovane che dona il sangue per la prima volta incontra un donatore abituale. Tra i due nasce un dialogo sulla semplicità della donazione, la naturalezza dell'essere utili, la solidarietà.

Audio

"È qui che si dona il sangue?" "Sì, là". "Era la prima volta, vero?" "Sì" "Me ne ero accorto, sai" "Un po' avevo paura" "Per così poco? Mai avere paura di aiutare gli altri" "E lei viene qui spesso?" "Sì" "Io l'ho fatto per Mario, un mio amico" "Anch'io l'ho fatto per Mario" "Perché lo conosce?" "No"

Summary

A young man donates blood for the first time. He meets a man who donates habitually. The dialogue underlines the normality of this gesture of solidariety.

Sound

"You give blood, here?" "Yes, over there" "It was the first time?" "Yes, but I was afraid" "Never be afraid to help others" "You come here often" "Yes" "I gave blood for my friend Mario" "So did I" "Why? Do you know him?" "Nope"

Riassunto

Un musicista in auto, intrappolato nel traffico, si fa prestare la bici da una ragazza che, come lui, ha uno zaino Invicta. Sul palco il giovane scopre di avere scambiato lo zaino; la ragazza, giunta nel frattempo in teatro, gli restituisce il suo, lanciandolo in una staffetta che impegna tutta la platea.

Audio

Invicta. Tutta la libertà.

Summary

A young musician in his car, caught in traffic, asks a girl to lend him her bike. Like him, she has an Invicta rucksack. On the stage he discovers he's picked up the girl's rucksack; she, having reached the theatre, returns his rucksack to him: she hands it to a member of the audience and the rucksack is passed from one person to another until it reaches the young man.

Sound

Invicta. The whole freedom.

Cliente
INVICTA
Agenzia
DWA
Direttore creativo
EDGARDO BIANCO
Art director
EDGARDO BIANCO
Copywriter
EDGARDO BIANCO
Agency producer
EDGARDO BIANCO
Casa di produzione
BRW
Producer
CECILIA BARBERIS
Regista
JAIME DE LA PEÑA
Direttore della fotografia
SCOTT BUTTFIELD
Montatore
GIOVANNI MORELLI
Musicista
FURIO BOZZETTI

Cliente
GIBBS
Prodotto
CLEAR
Agenzia
J. WALTER THOMPSON
Direttore creativo
DANIELE CIMA
Art director
GIOVANNI GENNARI
Copywriter
ENRICO CHIARUGI
Producer
FRANCA MAINO
Resp. contatto
MARINA AZZARIO
Casa di produzione
FILM MASTER
Regista
**ALESSANDRO
D'ALATRI**
Direttore fotografia
GIANNA MARRAS
Producer
MARIANNE DE WITT
Scenografo
LELE MARCHITELLI
Montatore
ROBERTO CRESCENZI

Riassunto

Le mani di una ragazza stanno
intrecciando i capelli di una coetanea.
Sono due ragazzine in un momento di
relax, all'ombra di una veranda. Una sta
sfogliando una rivista, mentre l'altra le sta
facendo delle treccine come le sue.
La ragazza all'opera, ha un leggero
accento francese.
FRANCESINA: Belli!
L'amica senza neanche distogliere lo
sguardo dalla rivista risponde.
AMICA: Uso Clear.
La francesina non lo conosce.
FRANCESINA: Clear?
AMICA: Antiforfora.
FRANCESINA: Forfora?
AMICA: No, uso Clear.
La Francesina ha capito che il gioco è
diventato come un serpente che si morde
la coda, e inizia a ridere divertita
coinvolgendo l'amica.
SPEAKER f.c.: Clear funziona!
A stacco appare il pack-shot con il super
"Clear funziona. Contro la forfora
regolarmente".

Riassunto

Le immagini scorrono all'interno delle bande nere del cinemascope. Due evasi stanno cercando di scavalcare un muro di recinzione. Lanciano più volte una fune ma il gancio sbatte ripetutamente contro la banda superiore. Alla fine le bande nere si ritirano e i due riescono ad arrampicarsi.

Audio

La Tv può offrire al cinema nuovi orizzonti, può investire sulle nuove idee... e dare spazio ai nuovi talenti.

Summary

The Cinemascope's black bands limit the field of vision of a film scene. Two thieves try getting over a wall. They throw a grapnel but it knocks always against the black bands. At the end the bands open and the 2 thieves are able to run away. TV doesn't want to penalize the cinema but give it new horizons.

Sound

Television can open up new horizons for movies, can invest in new ideas and .... let new talents out.

Cliente
RAI -
RADIOTELEVISIONE
ITALIANA
Agenzia
MC CANN ERICKSON
ROMA
Direttore creativo
OSCAR MOLINARI
Art director
LUCA ALBANESE
Copywriter
ANTONIO MACCARIO
Agency producer
LORELLA STORTINI
Casa di produzione
CINETEAM
Producer
CHRIS OSTROWSKY
Regista
ENRICO SANNIA
Direttore della
fotografia
ARMANDO NANNUZZI

251

Cliente
ANNUNZIATA S.p.A.
Agenzia
PIRELLA GÖETTSCHE
LOWE S.p.A.
Art director
MASSIMO FERRANDI
Copywriter
GIGI BARCELLA
Agency producer
NICOLAS CERRI
Casa di produzione
BBE
Producer
EMANUELA
CAVAZZINI
Regista
GIULIO PARADISI
Direttore della
fotografia
CLAUDIO
COLLEPICCOLO
Montatore
MICHELE LEONE
Effetti speciali
FUTURA EFFECTS

Riassunto
Un classico presenter pubblicitario
illustra e mostra le qualità del
Cartacucina Scala. Il suo parlato è però
doppio (ogni parola è detta due volte)
perché doppio è lo strato di ciascun foglio
(a doppio velo) del cartacucina Scala.

Audio
PRESENTE: Scala presenta il suo nuovo
Cartacucina Qualità Oro. È a due veli, ed
ogni velo, ed ogni velo, è a doppio strato, a
doppio strato. Così il Cartacucina, così il
Cartacucina, non solo resiste, ma... resiste
resiste! Il Cartacucina, di pura cellulosa
vergine, di pura cellulosa vergine, non
solo assorbe, ma... assorbe assorbe! Ed è
davvero, davvero! Per alimenti!

SPEAKER f.c: Scala qualità Oro, più
valore al tuo denaro.

Summary
A classic advertising presenter explains
the qualities fo Cartacucina Scala. But he
spoke double (every word is pronounced
twice) because each veil of Cartacucina
Scala is double-coated.

Sound
PRESENTER: Scala introduces you to its
new Gold quality two-veil Cartacucina,
where each veil is double-coated, double-
coated. So that not only Cartacucina, so
that not only Cartacucina endures, but it
endures, endures. Pure virgin cellulose,
pure virgin cellulose Cartacucina not only
absorbs, but it absorbs, absorbs and it's
really, really food intended, food
intended.

SPEAKER f.c.: Gold Quality Scala makes
your money more worthy.

Riassunto

Inseguimento tra Tom e Jerry. Tom viene
chiamato dalla padrona per il pranzo, ma
anche il gatto del vicino sente il richiamo
e così inizia un inseguimento tra i due
gatti per impossessarsi della confezione di
Miao Croccantini. Quando il gatto dei
vicini avrà la meglio, Tom tornerà alla
caccia di Jerry che verrà catturato
implorando di comperare a Tom Miao
Croccantini.

Audio

Spk femm: "Tom, i tuoi croccantini Miao!".
Spk pens. Tom: "Mmmm, i miei
croccantini Miao... i miei croccant...
(interrotto bruscamente)".
Spk masc: "I croccantini Miao sono un
pasto croccante... sano... ed invitante".
Spk Jerry: "Comprategli Miao, vi prego!".
Spk masc: "Miao. Il pasto sano
e croccante".

Summary

Tom sets off in pursuit of Jerry. The owner
calls Tom for dinner but also the cat of the
neighbour hears the call so they start to
fight for the possession of the Miao
Croccantini pack. This ends with the
victory of the other cat. Tom starts again
to run after Jerry who, when captured,
begs us to buy Miao Croccantini for Tom
in order to be saved.

Sound

"Tom, your nuggets Miao!".
"Mmmm, my nuggets Miao... my nugg...".
"Nuggets Miao are a crunchy meal...
healthy... and appealing".
"Please, buy him Miao!"
"Miao. The healthy and crunchy meal".

Cliente
QUACKER CHIARI E
FORTI
Agenzia
PIRELLA GÖETTSCHE
LOWE S.p.A.
Art director
MASSIMO FERRANDI
Copywriter
GIGI BARCELLA
Agency producer
NICOLA CERRI
Casa di produzione
BBE
RDA'70
Producer
GUIDO CAVALIERI
Regista
ANGELO BERETTA
Direttore della
fotografia
ANGELO BERETTA
Montatore
LUCA BERARDINELLI

253

Cliente
FILODORO CALZE
Agenzia
CANARD
ADVERTISING
Direttore creativo
EMILIO HAIMANN
MARCO RAVANETTI
Art director
MARCO RAVANETTI
Copywriter
EMILIO HAIMANN
Agency producer
FRANCESCA
MARINONI
Casa di produzione
FILM MASTER
Producer
MONICA ROSSI
Regista
PAOLO GANDOLA
Direttore della
fotografia
PAOLO GANDOLA
Scenografo
MAURO RADAELLI
Montatore
OSVALDO BARGERO
Musicista
PAOLO FILIPPONI

Audio

Spk femminile: "Ecco a voi, sulla gamba destra una calza Filodoro con Lycra e filati pregiati. Sulla gamba sinistra, invece, una calza. Uno-due, (da ripetere in funzione della scena) (Pubblico f.c.) ooooohh!!! Una calza Filodoro, invece, è così elastica, che due gambe su due preferiscono Filodoro. Filodoro. La differenza si vede, si sente, si tocca".

Sound

F.V.O.: "Here is on her right leg a Filodoro stocking made of Lycra and high quality yarns. On her left leg on the contrary a stocking. One-two... one-two...". Public: "Ooooh!!". "Give a look instead at the tightness of Filodoro. They are so better that two legs out of two prefer Filodoro. Stockings and pantyhose Filodoro. The difference you can see, feel, touch".

Riassunto

Com'è difficile la vita delle fette di prosciutto, quando vengono maltrattate da salumieri frettolosi e da consumatori distratti! Ma per fortuna, c'è anche la vaschetta Citterio.

Audio

SPK. Per fortuna, c'è un altro modo di gustare il prosciutto. Nella vaschetta Citterio, tutto il gusto, il profumo, la morbidezza del prosciutto appena tagliato, pronto ogni volta che ne avete voglia. Citterio. Il prosciutto ha scoperto la vaschetta.

Sound

V.O. Fortunately, there's another way to enjoy ham. Citterio trays keep the taste, the flavour and the look of fresh-cut ham for days on end. And you can have it every time you want. Citterio. Ham discovers the tray.

Citterio. Il prosciutto ha scoperto la vaschetta.

Cliente
SALUMIFICIO CITTERIO
Agenzia
MC CANN ERICKSON ITALIANA
Direttore creativo
GIAN PIERO VINTI
Art director
ANTONIO MELE
Copywriter
ANGELO ABBATE
Agency producer
GIUSEPPE BRANDOLINI
Casa di produzione
FILM MASTER
Producer
CLAUDIO CASTELLANI
Regista
CESARE MONTI
Direttore della fotografia
ROMANO GREGORIG
Scenografo
WANDA SPINELLO
Montatore
DEDE
Musicista
SIMON LUCA

Cliente
RAI 3 - MI MANDA
LUBRANO
Agenzia
PUBLICIS-FCB/MAC
ROMA
Direttivo creativo
SALVO SCIBILIA
Art director
CARLO VENTURA
Copywriter
SALVO SCIBILIA
Agency producer
VITTORIA SAVINO
Casa di produzione
BIAGETTI &
PARTNERS
Regista
SALVO SCIBILIA
Direttore della
fotografia
DANTE SPINOTTI
Montatore
PAOLO GHEZZI
Musicista
SNOOKS EAGLIN

Riassunto
La quiete di una giovane coppia viene
disturbata da diversi rumori fra i quali il
frastuono di alcuni ragazzi in motorino.
L'uomo contrariato esce di casa per
allontanare i ragazzi, ma riceve solo una
secchiata d'acqua proveniente da un
appartamento. Mentre una finestra si
richiude sul cielo stellato uno speaker dice
"In Italia solo le stelle non fanno rumore"
e compare il Super "Domani notte, fate
silenzio".

Audio
In Italia, solo le stelle non fanno rumore.

Summary
The quiet of a young couple is disturbed
by a series of noises, including a group of
motor cyclist. The man, who descends, is
dowsed in water from an apartment
above.

Sound
In Italy, only stars don't make noise.

Riassunto

Storia d'amore e di latte nella provincia italiana. La scusa per gli incontri tra i due piccoli fidanzati è un buon "Galbi".

Summary

A love and milk story, in an italian province. The pretext for the two young fiancés' meetings is a good "Galbi".

Cliente
EGIDIO GALBANI
Agenzia
SAATCHI & SAATCHI ADVERTISING
Direttore creativo
MAURIZIO D'ADDA
GIAMPIERO VIGORELLI
Art director
GIOVANNI BEDESCHI
Copywriter
MICHELE TOSI
Agency producer
ISABELLA GUAZZONE
Casa di produzione
FILM MASTER
Producer
MAGGY BROWN
Regista
DANIELE LUCCHETTI
Direttore della fotografia
AGOSTINO CASTIGLIONI
Scenografo
GIANCARLO BASILE
Montatore
ANTONELLA GALASSI

Cliente
KRUPS ITALIA S.p.A.
Agenzia
**LEO BURNETT
COMPANY s.r.l.**
Direttore creativo
RAIMOND GFELLER
Art director
**ROSEMARY COLLINI
BOSSO**
Copywriter
**FRANCESCO
SIMONETTI**
TV Producer
ANDREA CECCHI
Casa di produzione
**CENTRAL
PRODUCTIONS s.r.l.**
Producer
ANDREA BINDA
Regista
BUCK HOLZEMER
Direttore della
fotografia
BUCK HOLZEMER
Montatore
PINO GADALETA
Musicista
**OUVERTURE
GUGLIELMO TELL
EMI MUSIC**

Riassunto
L'immagine della lumaca, simbolo di
lentezza, contrapposta a quella del forno a
microonde, simbolo di velocità.

Audio
Col forno a microonde Krups, anche le
lumache ci mettono un attimo. Microonde
Krups. Niente cuoce più veloce.

Summary
The image of the snail, symbol of
slowness, is set against the one of the
microwave oven that is the symbol of
speed.

Sound
With the Krups microwave oven, even the
snails take a moment. Krups microwave.
Nothing cooks faster.

Riassunto

Una giornata ideale trascorsa all'aria
aperta, e senza le rigide restrizioni
temporali, da un gruppo familiare molto
eterogeneo.

Audio

Da che mondo è mondo, Certosa Galbani è
divinamente buona... divinamente
morbida... divinamente leggera. Da che
mondo è mondo, Certosa Galbani... Divina
Crescenza. Galbani vuol dire fiducia.

Summary

An ideal day outside, without any
restriction of time.

Sound

Since things began Galbani's Certosa is
divinely good... Divinely soft... Divinely
light. Since things began, Galbani's
Certosa... Divine Crescenza.

Cliente
EGIDIO GALBANI
Agenzia
**SAATCHI & SAATCHI
ADVERTISING**
Direttore creativo
**MAURIZIO D'ADDA
GIAMPIERO
VIGORELLI**
Art director
**RICCARDO
GIANANGELI**
Copywriter
COSIMO MINERVINI
Agency producer
ISABELLA GUAZZONE
Casa di produzione
FILM MASTER
Producer
MAGGY BROWN
Regista
JEAN PAUL SEAULIEU
Direttore della
fotografia
ALESSIO GELSINI
Scenografo
LUCA GOBBI
Montatore
OSVALDO BARGERO
Musicista
FRANCO GODI

GRAPHIC DESIGN

Presidente:
DARIO DIAZ

Segretario:
TILL NEUBURG

CARLO ANGELINI
PIERO BAGOLINI
ALESSANDRO CANALE
ELIA CORO
ADELAIDE GIORDANENGO
FRANCO GISUTI
OSCAR MOLINARI
ANNAMARIA MONTEFUSCO
ALESSANDRO PETRINI
ALBERTO SCOTTI
ELENA TRALLI

Cliente
F.A.O. - ALESSI
Agenzia
SOTTSASS ASSOCIATI
Art director
GHRISTOPH RADL
Grafico
ANNA WAGNER
Fotografo
SANTI CALECA

Cliente
LEVI'S EUROPE
Agenzia
ENERGY PROJECT
Art director
NIKKO AMANDONICO
Grafico
NIKKO AMANDONICO
GIORGIO CANTADORI
Fotografo
C. BENGTSSON
M. MARDING
M. REED
O. FINN

Cliente
SOCIETÀ PER
L'INFORMATICA
APPLICATA
Agenzia
CARLO ANGELINI
GRAPHIC DESIGN
Art director
CARLO ANGELINI
Grafico
STEFANO VANZOLINI

Cliente
I.G.P.
Agenzia
**SAATCHI & SAATCHI
ADVERTISING**
Direttore creativo
**MAURIZIO D'ADDA
GIAMPIERO VIGORELLI**
Art director
GIAMPIERO VIGORELLI

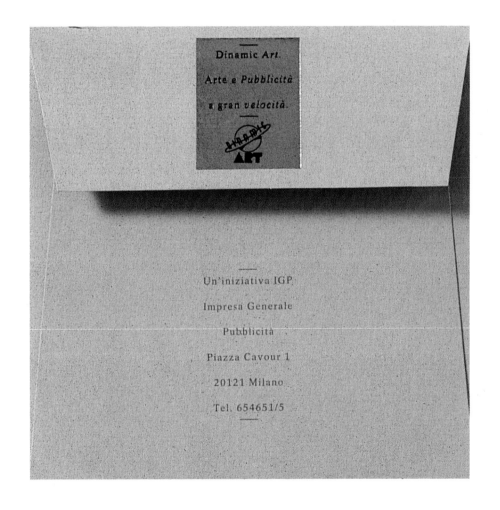

Cliente
I.G.P.
Agenzia
SAATCHI & SAATCHI
ADVERTISING
Direttore creativo
MAURIZIO D'ADDA
GIAMPIERO VIGORELLI
Art director
GIAMPIERO VIGORELLI

Cliente
I.G.P.
Agenzia
SAATCHI & SAATCHI
ADVERTISING
Direttore creativo
MAURIZIO D'ADDA
GIAMPIERO VIGORELLI
Art director
GIAMPIERO VIGORELLI

Dinamic Art
Arte e Pubblicità
 a più colori

Un'iniziativa IGP
Impresa Generale
Pubblicità
Piazza Cavour 1
20121 Milano
Tel. 654651/5

Cliente
FRANCO MAZZONI
Agenzia
YELLOW STUDIO
Grafico
ANGELO SCARATI

Cliente
THISBE
Agenzia
CENTO PER CENTO
Art director
CIRO FALAVIGNA
PIERPAOLO PITACCO
Grafico
ROSSELLA FERRARIO
Illustratore
SANDRO FABBRI

Cliente
GULBLA COMPANY
Agenzia
ENERGY PROJECT
Art director
NIKKO AMANDONICO
Copywriter
CRAPS & THE BOSS
Grafico
**ANN CHARLOTTE
BENGTSSON**
Fotografo
**MAGNUS REED
PIERRE WINTER
SOFIA ERIKSSON**

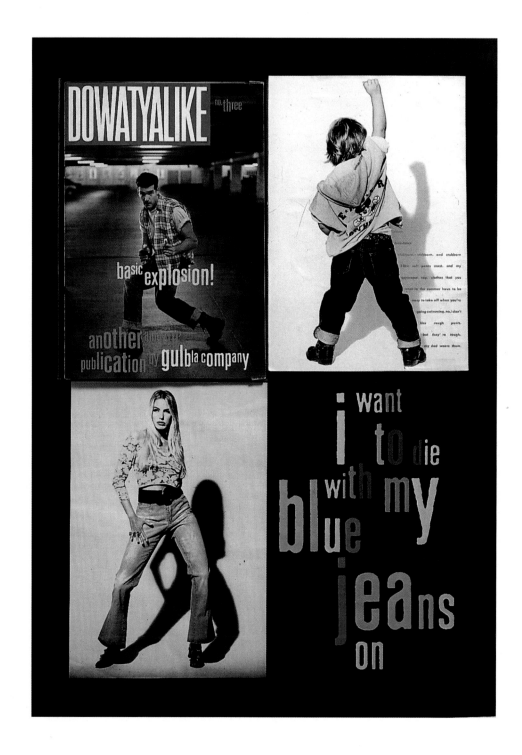

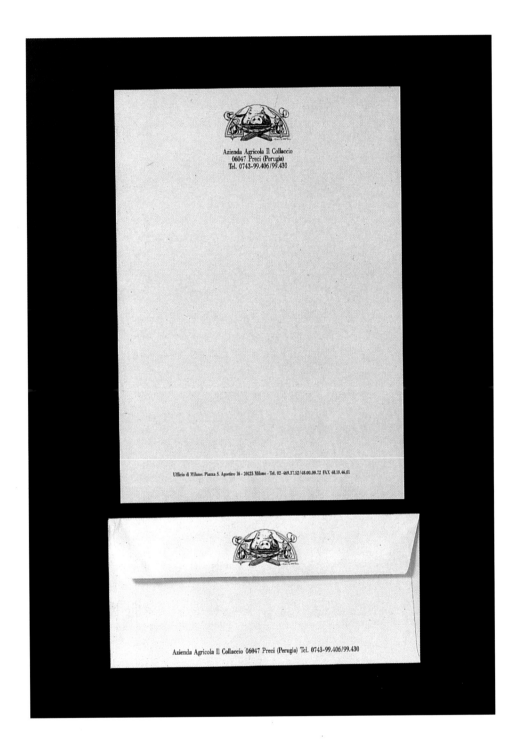

Azienda Agricola Il Collaccio
06047 Preci (Perugia)
Tel. 0743-99.406/99.430

Ufficio di Milano: Piazza S. Agostino 16 · 20123 Milano · Tel. 02-469.37.52/48.00.00.72 FAX 48.19.46.61

Azienda Agricola Il Collaccio 06047 Preci (Perugia) Tel. 0743-99.406/99.430

Cliente
AZIENDA AGRICOLA
"IL COLLACCIO"
Agenzia
LE BALENE
COLPISCONO ANCORA
Art director
MAURIZIO DAL BORGO
Copywriter
ENZO BALDONI
Illustratore
PAOLO D'ALTAN

Cliente
KARTELL
Agenzia
ENERGY PROJECT
Art director
NIKKO AMANDONICO
Grafico
ANN C. BENGTSSON
GIORGIO CANTADORI
Illustratore
LYNNE DOUGLAS

Cliente
KARTELL
Agenzia
ENERGY PROJECT
Art director
NIKKO AMANDONICO
Grafico
NIKKO AMANDONICO
ANN C. BENGTSSON
GIORGIO CANTADORI
Fotografo
MIRO ZANGIOLI (mobili)
RENÈ RUSSO (fashion)
Illustratore
LYNNE DOUGLAS

PACKAGING

Presidente:
DARIO DIAZ

Segretario:
TILL NEUBURG

CARLO ANGELINI
PIERO BAGOLINI
ALESSANDRO CANALE
ELIA CORO
ADELAIDE GIORDANENGO
FRANCO GISUTI
OSCAR MOLINARI
ANNAMARIA MONTEFUSCO
ALESSANDRO PETRINI
ALBERTO SCOTTI
ELENA TRALLI

Cliente
CONDORELLI
Agenzia
FRANCO GAFFURI
COMUNICAZIONE
Direttore creativo
FRANCO GAFFURI
Art director
MONICA GIORGETTA
Copywriter
UMBERTO BERTON
Grafico
SABRINA ELENA
Fotografo
HOCUS FOCUS
Illustratore
MONICA GIORGETTA

Cliente
**FATTORIA
SCALDASOLE**
Agenzia
TBWA ITALIA SpA
Direttore creativo
ANDREA CONCATO
Art director
**FERDINANDO
FERDINANDI**
Grafico
**FERDINANDO
FERDINANDI**
Illustratore
TITTI GARELLI

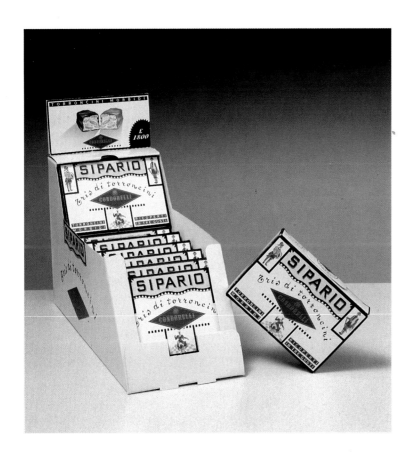

Cliente
CONDORELLI
Agenzia
**FRANCO GAFFURI
COMUNICAZIONE**
Direttore creativo
FRANCO GAFFURI
Art director
MONICA GIORGETTA
Copywriter
UMBERTO BERTON
Agency producer
GIUSEPPE CANZI
Grafico
SABRINA ELENA
Illustratore
CLAUDIO SCALVI -

Cliente
S.E. CARAPELLI
FIRENZE
Agenzia
ELISABETTA FORSTER
PACKAGING DESIGN
Art director
ELISABETTA FORSTER
Grafico
ELISABETTA FORSTER

Cliente
D&C - CENTRO
BOTANICO
Agenzia
ANGELO SGANZERLA
Direttore creativo
ANGELO SGANZERLA
Art director
ANGELO SGANZERLA
Grafico
ANGELO SGANZERLA
Illustratore
SILVIA DEL VECCHIO

RADIO

Presidente:
DARIO DIAZ

Segretario:
TILL NEUBURG

CARLO ANGELINI
PIERO BAGOLINI
ALESSANDRO CANALE
ELIA CORO
ADELAIDE GIORDANENGO
FRANCO GISUTI
OSCAR MOLINARI
ANNAMARIA MONTEFUSCO
ALESSANDRO PETRINI
ALBERTO SCOTTI
ELENA TRALLI

McCANN-ERICKSON ITALIANA S.p.A.

Via Meravigli 2, 20123 Milano, Tel. 8529.1
Via Elio Vittorini 129, 00144 Roma, Tel. 5545.1

Testo

Data	Azione
Cliente	Elemento
Lavoro N.	Versione N.
Copywriter	Pagina N.

Cliente
BAYER
Agenzia
McCANN-ERICKSON
Direttore creativo
JANE TRACY
Copywriter
PAOLO CHIABRANDO
Casa di produzione
CIRCLE

TEMPERATURE DI IERI. (30")

ANNUNCIATORE RADIO:

Vi diamo le minime di ieri:

Helsinki -20

Amsterdam -8

Milano -9

Adriano +38

Luca +37 e 8

Laura +38 e 2 ...

SPEAKER :

In caso di malattie da raffreddamento,
Aspirina Effervescente con Vitamina C.
Agisce presto, abbassa la febbre ed
elimina il senso di malessere.

Malattie da raffreddamento.
Aspirina C è con te.

McCANN-ERICKSON ITALIANA S.p.A. - CAPITALE SOCIALE 1.000.001.200 - COD. FISC. 00816820153 - CCIAA N. 526502 - TRIB. MILANO 104.587
MILANO: TEL. 8529.1 - TELEGRAMMI: COMPCANN MILANO - TELEX: MCCANM I 320143 - TELECOPIER: 879411
ROMA: TEL. 5545.1 - TELEGRAMMI: COMPCANN-ROMA - TELEX: MCCANR I 612281 - TELECOPIER: 5012891

SAATCHI & SAATCHI ADVERTISING

Cliente: **Telemontecarlo**

Prodotto: **SPQM News**

Soggetto: **Romolo e Remo**

Effetti sonori:
Ululati notturni di un lupo.

Voce ragazzo:
Basta, mamma!

Speaker:
Romolo e Remo vi aspettano su Telemontecarlo. Il lunedì e il venerdì, alle 20.30, SPQM News, la storia di Roma raccontata da Enrico Montesano.

Cliente
TELEMONTECARLO
Agenzia
SAATCHI & SAATCHI
ADVERTISING
Direttore creativo
GUIDO CORNARA
Copywriter
FRANCESCO
TADDEUCCI
Casa di produzione
CAT SOUND
Producer
FRANCO AGOSTINI

VERBA DDB NEEDHAM
Advertising

Cliente
AUTOGERMA S.p.A.
Agenzia
VERBA DDB NEEDHAM
Direttore creativo
GIANFRANCO
MARABELLI
ENRICO BONOMINI
Copywriter
ENRICO BONOMINI
Agency producer
FEDERICA CAMURRI
Casa di produzione
CIRCLE

VOLKSWAGEN GOLF - Lancio della Nuova Golf

Radiocomunicato

Musichetta, voce femminile, ben scandita:
"L'inglese per tutti." (pausa)

1° voce:		2° voce:	
	"Lezione n. 1"	2° voce:	"Lesson one"
	"Io sono felice"	(maschile)	"I am happy"
	"perché"		"because"
	"la Nuova Golf"		"the new Golf"
	"è arrivata."		" has" - "è arrivata?!"
			"has arrived."
	"Dai Concessionari		"At Volkswagen
	Volkswagen."		Distributors."

Musichetta a sfumare.

Cliente
FIAT AUTO S.p.a.
Agenzia
BARBELLA GAGLIARDI
SAFFIRIO
Direttore creativo
S. SAFFIRIO
P. GAGLIARDI
Art director
SILVER VEGLIA
Copywriter
NICOLA MORELLO

BARBELLA GAGLIARDI SAFFIRIO

Soggetto: NON SI PUO' DIRE

<u>Musica</u>: "Baby Elephant" dei Night Ark.
<u>Voce</u>: Sapete perché i ragazzi e le ragazze trovano i nuovi interni della Panda così accoglienti?
Beh, questo alla radio non si può dire...

PANDA. SE NON CI FOSSE BISOGNEREBBE INVENTARLA.

TORINO 10121 · CORSO GALILEO FERRARIS 24/A ■ TEL. 011/5612567 (R.A.) ■ FAX 011/5575300
MILANO 20123 · VIA ZEBEDIA 5 (INGRESSO VIA MAURI) ■ TEL. 02/86454251 (R.A.) ■ FAX 02/86454271
ROMA 00197 · VIA LUIGI LUCIANI 1 ■ TEL. 06/3611398 ■ FAX 06/3611261
S.R.L. ■ CAP. VERS. L. 500.000.000 ■ TRIB. TO. 1125/84 ■ CCIAA TO 644191 ■ COD. FISC /P. IVA 04561720014
SEDE LEGALE: CORSO GALILEO FERRARIS 24/A · 10121 TORINO

BARBELLA GAGLIARDI SAFFIRIO

Soggetto: WANDA

<u>Musica:</u> "Baby Elephant " dei Night Ark.
<u>Voce:</u> Le parole Panda e Pasta iniziano con la stessa lettera.
D'altronde, la Panda, come la pasta, è una grande specialità italiana.
Pensate a come suonerebbe male se invece della pasta avesse la prima
lettera del nome in comune con la parola wurstel: in questo caso si
chiamerebbe Wanda. Vi piacerebbe? Mah!

PANDA. SE NON CI FOSSE BISOGNEREBBE INVENTARLA.

TORINO 10121 - CORSO GALILEO FERRARIS 24/A ■ TEL. 011/5612967 (R.A.) ■ FAX 011/5575300
MILANO 20123 - VIA ZEBEDIA 5 (INGRESSO VIA MAURI) ■ TEL. 02/86454251 (R.A.) ■ FAX 02/86454271
ROMA 00197 - VIA LUIGI LUCIANI 1 ■ TEL. 06/3611398 ■ FAX 06/3611261
S.R.L. ■ CAP. VERS. L. 500.000.000 ■ TRIB. TO 4125/84 ■ CCIAA TO 644191 ■ COD. FISC./P. IVA 04561720014
SEDE LEGALE - CORSO GALILEO FERRARIS 24/A - 10121 TORINO

Cliente
ATM
Agenzia
FCA/SBP
Direttore creativo
LELE PANZERI
Copywriter
SANDRO BALDONI
Casa di produzione
CIRCLE

FCA/SabbatiniBaldoniPanzeri

RADIO 20" ATM (Sogg. INCIDENTE).

Rumore di traffico, clacson etc, molto accentuato.
Rumore di frenata, poi rumore di lamiere: c'è stato un piccolo
tamponamento.

Voce donna (eccitata): MA CHE FA, DORME?
Voce uomo: DORMO UN CORNO, SIGNORA ERA LEI CHE DOVEVA FRENARE.
Voce donna: IL CORNO GLIELO FACCIO IO IN TESTA A LEI....
(Voce sfumano)
Entra in campo la voce di uno speaker (canzonatorio).
Speaker: LASCIATE L'AUTO, VIAGGIATE CON L'AUTISTA. TUTTO INTORNO
A MILANO E VICINO AL METRO', LASCI L'AUTO, PRENDI UN MEZZO ATM E
ARRIVI SUBITO, SPENDENDO POCHISSIMO. CHIEDI NOTIZIE AGLI UFFICI
ATM DI DUOMO E CENTRALE.

FCA/SabbatiniBaldoniPanzeri S.r.l. - Marketing e Pubblicità - 20121 Milano - Foro Buonaparte 71 - Tel. 809421 r.a. - Telefax 861719
Cod. Fisc. e P. IVA 07238630151 - Cap. Soc. 95.000.000 i.v. - Sede di Parigi: FCA e B, 26 Rue Salomon de Rotschild - Suresnes

FCA/SabbatiniBaldoniPanzeri

Rumore di traffico, clacson etc, molto accentrato.

Voce di un uomo che parla da solo, sovreccitato: "PORCAMISE-
RIACRETINABOIAFRADICIACHIMEL'HAFATTOFAREDIPRENDERESTAMALEDETTACAR
RETTAPORCAMISERIACCIALURIDASCHIFOSAD'UNAMISERIADANNATISSIMA......
(voce che sfuma).
Entra in campo la voce di uno speaker, che dice in tono canzonato
rio.
Speaker: LASCIATE L'AUTO, VIAGGIATE CON L'AUTISTA. TUTTO INTORNO
A MILANO E VICINO AL METRO', LASCI L'AUTO, PRENDI UN MEZZO ATM E
ARRIVI SUBITO, SPENDENDO POCHISSIMO. CHIEDI NOTIZIE AGLI UFFICI
ATM DI DUOMO E CENTRALE.

FCA/SabbatiniBaldoniPanzeri S.r.l. - Marketing e Pubblicità - 20121 Milano - Foro Buonaparte 71 - Tel. 809421 r.a. - Telefax 861719
Cod. Fisc. e P. IVA 07238630151 - Cap. Soc. 95.000.000 i.v. - Sede di Parigi: FCA e B, 26 Rue Salomon de Rotschild - Suresnes

Cliente
LINEAVERDE
Agenzia
**REGGIO DEL BRAVO
PUBBLICITÀ** s.r.l.
Copywriter
PAOLO DEL BRAVO
Casa di produzione
BLU FILM

REGGIO DEL BRAVO PUBBLICITÀ s.r.l.

Titolo: STRACCION

Cantante: La incrocio che pareva una top model
tutta curve raffinata
con l'Armani di lamé,

la rivedo con le Fendi, la Max Mara
e le Timberland ai pié,

po la incontro un'altra volta
col Trussardi e col Ferré e le dico:
quanto spendi di vestiti?, se ti sposo
mi riduci sul pavé!

Lei mi squadra come fossi uno straccion
mi schiaffeggia, mi appiccica al lampion
e mi fa con la bocca fascinosa:
da Lineverde è un'altra cosa.

Io mi guardo un po' intontito
quella bionda platiné
non capisco, spieghi meglio,
Lineaverde che cos'é?

```
          Ma è il negozio di vestiti
          che più belli non ce n'é
          dove acquisti ma poi paghi
          come meglio pare a te!
          Pubblicitàaa!!

Coro:     Lineaverde, viva Lineaverde
          dove acquisti grandi firme
          con gran soddisfazion!

          Lineaverde, viva Lineaverde
          ti vesti e sei sicuro
          di fare un figuron!

Cantante: Mi riaggiusto la cravatta
          ho appreso la lezion
          vado anch'io da Lineaverde
          e non sembro più straccion!

Speaker:  Lineaverde, moda in tutti i modi.
          Via Prenestina 311, Roma.
```

Cliente
ESSO ITALIA
Agenzia
McCANN ERICKSON
Direttore creativo
OSCAR MOLINARI
Copywriter
OSCAR MOLINARI

McCANN-ERICKSON ITALIANA S.p.A.

Via Meravigli 2, 20123 Milano. Tel. 8529.1
Via Elio Vittorini 129, 00144 Roma, Tel. 50099.1

ESSO SUPER DIESEL INVERNALE "BELLA VOCE" ("GOOD VOICE")
Radio 45"

AUDIO IN ITALIANO

Cari diesel vicini e lontani qui è la voce di Esso Superdiesel Invernale che vi
parla… a proposito come vi sembra la mia voce? Sì lo so ho ricevuto tanti vostri
commenti in proposito e devo ringraziarvi… siete molto gentili… come faccio?
… no per voi non ho segreti… semplicemente non fumo… ci tengo che i vostri
tubi di scarico siano puliti… non mi piace vedervi andare in giro mentre le auto
a benzina vi ridono dietro guardandovi la marmitta.
Certo, io sono fatto apposta per assicurarvi partenze rapide anche quando fa un
freddo che taglia le orecchie… ma un'occhiatina ai vostri iniettori come si fa a
non darvela…
Intanto viaggiate tranquilli amici diesel… ci vediamo alla Esso… ci vediamo al
prossimo pieno.

AUDIO IN INGLESE

Dear diesel vehicles, wherever you are, this is the voice of the Esso Winter
Superdiesel speaking to you… incidentally, how do you think is my voice? Yes
I know I've got so many of your compliments, and by the way thank you very
much… you are very kind… how am I able to do it?… for you I have no
secrets… it's simply that I don't smoke… It is important for me that your exhaust
pipes remain clean… I don't like to see you going around while gasoline-engine
cars make a fool of your exhaust pipe. Certainly I've been made specifically to
ensure that you start rapidly even when the cold cuts you in half… but how can
you manage not to give a short quick look at your injectors… have a long and
calm journey, my diesel engined friends… we'll meet again at Esso… when you
next fill up with Esso diesel.

McCANN-ERICKSON ITALIANA S.p.A. - CAPITALE SOCIALE 1.000.001.200 - COD. FISC. 00816820153 - CCIAA N. 526502 - TRIB. MILANO 104.587
MILANO: TEL. 8529.1 - TELEGRAMMI: COMPCANN MILANO - TELEX McCANN I 320143 - TELECOPIER: 879411
ROMA: TEL. 50099.1 - TELEGRAMMI: COMPCANN-ROMA - TELEX: McCANR I 612281 - telecopier: 5012891

FCA/SabbatiniBaldoniPanzeri

IL MANIFESTO. CAMPAGNA RADIO "SUQ" – 30".

Voce di un prete che risuona nella chiesa durante l'omelia:

Ah, fratelli, fratelli, cos'è questo voler divertirsi a tutti i costi?
Cos'è la vita, uno svago? Questo giornale, che non oso nemanco menzionare, che dedica quattro pagine a tutti gli spettacoli e i divertimenti....non si vergognano? Non ne avesse abbastanza la gente di distrazioni, invece di insegnarci un po' di rispetto.

Speaker: Cinema, musica, teatro, danza e TV. Ogni sabato, con il manifesto trovi Suq: la prima guida per chi, una guida, non la vuole.

Prete: Ma vergognatevi!

FCA/SabbatiniBaldoniPanzeri S.r.l. - Marketing e Pubblicità - 20121 Milano - Foro Buonaparte 71 - Tel. 809421 r.a. - Telefax 861719
Cod. Fisc. e P. IVA 07238630151 - Cap. Soc. 95.000.000 i.v. - Sede di Parigi: FCA e B, 26 Rue Salomon de Rotschild - Suresnes

Cliente
IL MANIFESTO
Agenzia
FCA/SBP
Direttore creativo
LELE PANZERI
Copywriter
PAOLO TORCHETTI
Casa di produzione
**PEPERONCINO
STUDIO**
Producer
CINZIA POMA

Cliente
TELEMONTECARLO
Agenzia
**SAATCHI & SAATCHI
ADVERTISING**
Direttore creativo
GUIDO CORNARA
Copywriter
**GUIDO CORNARA
FRANCESCO
TADDEUCCI**
Casa di produzione
CAT SOUND
Producer
FRANCO AGOSTINI

SAATCHI & SAATCHI ADVERTISING

Cliente: **Telemontecarlo**

Prodotto: **Galagol**

Voce uomo (suadente)**:**
Le sue gambe sono famose in tutta Italia.
Ha lo sguardo penetrante, e i capelli castani e soffici.
E' nel cuore di migliaia di sportivi.
Ogni domenica presenta Galagol su Telemontecarlo.
Beh, avrete già capito di chi si tratta.

Voce Josè Altafini:
Salve amici, sono Josè Altafini e vi aspetto con Alba Parietti e Massimo Caputi
a Galagol, ogni domenica alle 20.30 su Telemontecarlo.
Vedremo insieme i gol e commenteremo i fatti del campionato italiano. Mi
raccomando, non mancate.

ART DIRECTION EDITORIALE

Presidente:
PIERLUGI BACHI

Segretario:
CHIARA CALVI

NIKKO AMANDONICO
MAURILIO BRINI
GUIDO CHIOVATO
MAURIZIO CIGOGNETTI
VALERIO DE BERARDINIS
PAOLO LICCI
FILIPPO MAGRI
GIANCARLO MAIOCCHI
MAURIZIO MATARAZZO
JOE OPPEDISANO
GIOVANNI PAGANO
MICHELE RIZZI
PAOLO ROSSETTI

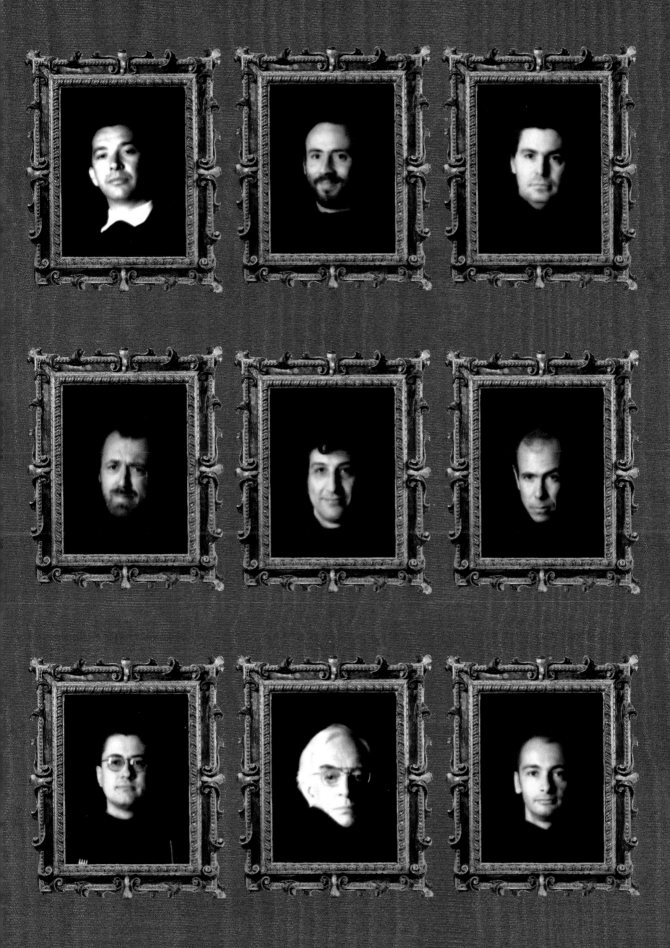

Cliente
KARTELL
Agenzia
ENERGY PROJECT
Art director
NIKKO AMANDONICO
Illustratore
LYNNE DOUGLAS

Cliente
PAROLE DI COTONE
s.r.l.
Direttore creativo
ELISABETTA TOROSSI
Art director
ELISABETTA TOROSSI
Copywriter
**GIANVITTORIO
MUSANTE**
Grafico
ELISABETTA TOROSSI
Illustratore
ELISABETTA TOROSSI

Cliente
LEVI'S EUROPE
Agenzia
ENERGY PROJECT
Art director
NIKKO AMANDONICO
Grafico
NIKKO AMANDONICO
GIORGIO CANTADORI
Fotografo
C. BENGTSSON
M. MARDING
M. REED
O. FINN

Cliente
**REGGIANI SpA
ILLUMINAZIONE**
Agenzia
**AUGE srl YOUR
CREATIVE PARTNER**
Direttore creativo
PINO USICCO
Art director
PINO MILAS
Copywriter
GIOVANNI CAGNONE
Agency producer
**AUGE srl YOUR
CREATIVE PARTER**
Grafico
**PIERO FURLANETTO
GIOVANNI GIANOLA**
Illustratore
PINO MILAS

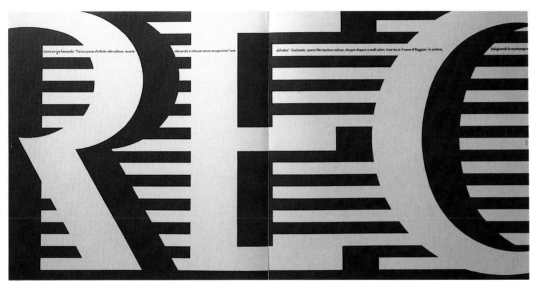

Come scrive Leonardo: "l'aria è piena d'infinite rette radiose, insieme intersecate e intessute senza occupazione l'una dell'altra". Similmente, questa fitta tessitura radiosa, che può disporsi a molti colori, forte tra sé il nome di Reggiani: lo sostiene, prolungandosi la accompagna

MATERIALI PROMOZIONALI VARI

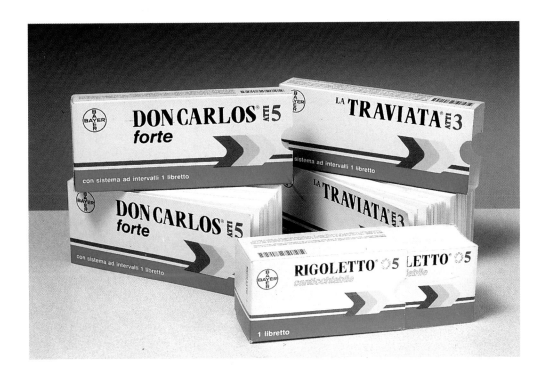

Cliente
BAYER
Agenzia
UNIVERSITÀ DEL
PROGETTO
(DIRETTORE
GIANFRANCO
GASPARINI)
Direttore creativo
GIULIO BIZZARRI
Art Director
SILVIA MANFREDI
MIRIAM MIRRI
MATTEO RIGHI
Copywriter
ANTONELLA BANDOLI
RITA MALAGOLI

Cliente
VICTORIAN srl
Agenzia
FIORINI BARONTI &
BASILI
Direttore creativo
STEFANO BARONTI
Art director
STEFANO BARONTI
Copywriter
LUCA BASILI
Agency producer
STEFANO BARONTI
Fotografo
ROBERTO ORSI

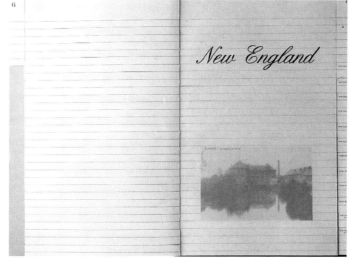

Cliente
J.WALTER THOMPSON
Agenzia
J. WALTER THOMPSON
Direttore creativo
DANIELE CIMA
Art director
VALERIA MARTINI
Copywriter
NICOLETTA CERNUTO,
ENRICO CHIARUGI,
MAURO COLONNA,
DARIO DIAZ,
ENRICA FICAI
VELTRONI,
MARCO FOSSATI,
ANNA MONTEFUSCO,
SIMONETTA RONCAGLIA,
PAOLO RONCHI,
ELENA ROSSI,
BEPPE VIOLA,
NICOLA ZANARDI.

Cliente
KARTELL
Agenzia
ENERGY PROJECT
Art director
NIKKO AMANDONICO
Grafico
NIKKO AMANDONICO
ANN C. BENGTSSON
GIORGIO CANTADORI
Fotografo
MIRO ZANGIOLI (mobili)
RENÉ RUSSO (fashion)
Illustratore
LYNNE DOUGLAS

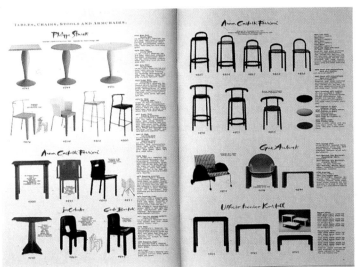

Cliente
**ITALIANA DI
COMUNICAZIONE**
Agenzia
**ITALIANA DI
COMUNICAZIONE**
Direttore creativo
**AMBROGIO BORSANI
CHRISTOPH RADL**
Art director
**CHRISTOPH RADL
MARIA GRAZIA
ROCCHETTI**
Copywriter
**AMBROGIO BORSANI
LAURA CARMIGNANI**

Cliente
**HILARY BRADFORD
AND ASSOCIATES**
Direttore creativo
HILARY BRADFORD
Art director
**HIROKAZU
KUREBAYASHI**
Copywriter
FEDERICO CAVALLI
Fotografo
VARI
Illustratore
VARI

Cliente
UNITED COLORS OF
BENETTON
Agenzia
PIRELLA GÖETTSCHE
LOWE S.p.a.
Art director
ENRICO RADAELLI
Copywriter
PIETRO VACCARI
Fotografo
HANS PETER
SCHNEIDER

Cliente
KARTELL
Agenzia
ENERGY PROJECT
Art director
NIKKO AMANDONICO
Grafico
ANN C. BENGTSSON
G. CANTADORI
Illustratore
LYNNE DOUGLAS

Cliente
LEVI'S EUROPE
Agenzia
ENERGY PROJECT
Art director
NIKKO AMANDONICO
Grafico
ANN C.BENGTSSON

Cliente
LA RINASCENTE SpA
Agenzia
BOZELL TESTA PELLA
ROSSETTI
Direttore creativo
ANNAMARIA TESTA
PAOLO ROSSETTI
Art director
ALDO SEGAT
Copywriter
ALDO SEGAT

FOTOGRAFIA

Presidente:
PIERLUGI BACHI

Segretario:
CHIARA CALVI

NIKKO AMANDONICO
MAURILIO BRINI
GUIDO CHIOVATO
MAURIZIO CIGOGNETTI
VALERIO DE BERARDINIS
PAOLO LICCI
FILIPPO MAGRI
GIANCARLO MAIOCCHI
MAURIZIO MATARAZZO
JOE OPPEDISANO
GIOVANNI PAGANO
MICHELE RIZZI
PAOLO ROSSETTI

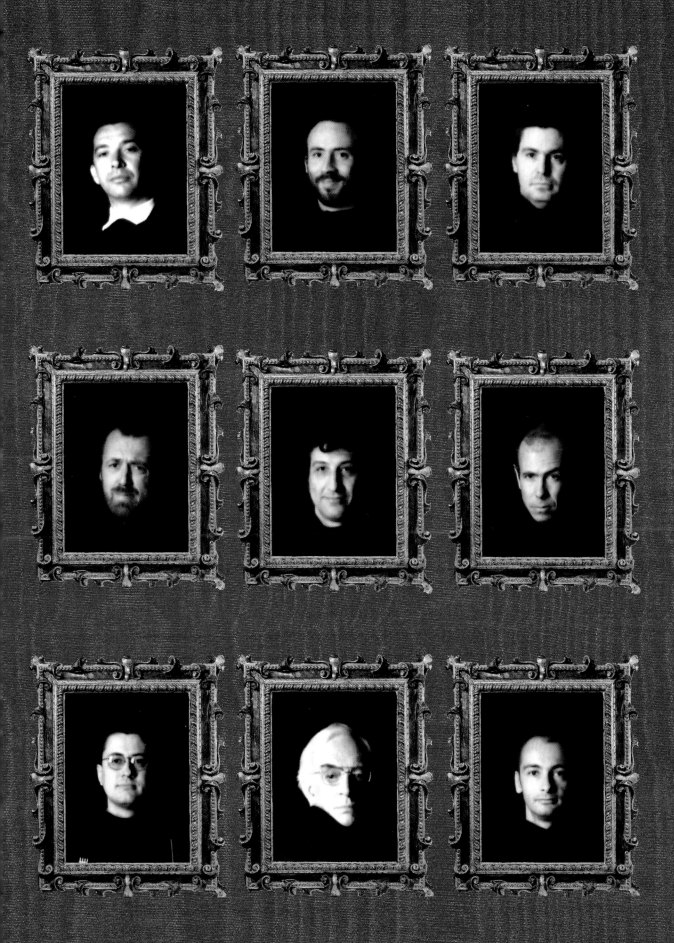

501 PORTATI AD OGNI ESPERIENZA.

Cliente
**LEVI'S STRAUSS
ITALIA**
Agenzia
McCANN ERICKSON
Direttore creativo
MILKA POGLIANI
Art director
STEFANO COLOMBO
Copywriter
ALESSANDRO CANALE
Fotografo
GRAHAM FORD

Cliente
**LEVI'S STRAUSS
ITALIA**
Agenzia
McCANN ERICKSON
Direttore creativo
MILKA POGLIANI
Art director
STEFANO COLOMBO
Copywriter
ALESSANDRO CANALE
Fotografo
GRAHAM FORD

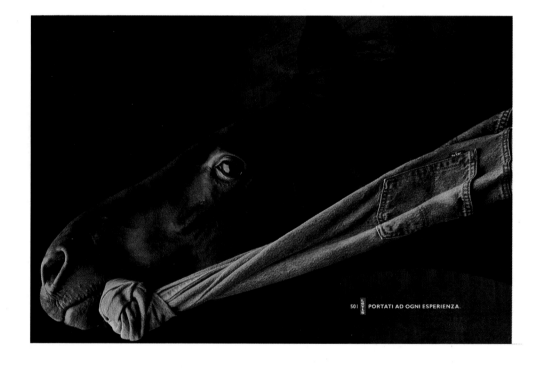

Cliente
CASSINA S.p.A.
Agenzia
BOZELL TESTA
PELLA ROSSETTI
Direttore creativo
ANNAMARIA TESTA
PAOLO ROSSETTI
Art director
MARCO PIPERE
Copywriter
VALTER
PIETRANTOZZI
Fotografo
AERNOUT
OVERBEEKE
Organizzazione
HILARY BRADFORD

Cliente
CASSINA S.p.A.
Agenzia
BOZELL TESTA
PELLA ROSSETTI
Direttore creativo
ANNAMARIA TESTA
PAOLO ROSSETTI
Art director
MARCO PIPERE
Copywriter
VALTER
PIETRANTOZZI
Fotografo
AERNOUT
OVERBEEKE
Organizzazione
HILARY BRADFORD

Cliente
TDK
Agenzia
**RSCG MEZZANO
COSTANTINI MIGNANI**
Direttore creativo
MARCO MIGNANI
Art director
PRIMAROSA PISONI
Copywriter
SALVATORE TARALLO
Fotografo
FABRIZIO FERRI

Cliente
PANASONIC ITALIA
Agenzia
H D M - WE
Direttore creativo
SANDRO GORRA
Art director
ROBERTO SCOTTI
Copywriter
SANDRO GORRA
LORENZO ZORDAN
Fotografo
JOE OPPEDISANO
Casa di produzione
BLU BIRD
PRODUCTIONS

Cliente
DOMINIQUE LAUGE'
Agenzia
**HILARY BRADFORD
AND ASSOCIATES**
Direttore creativo
HILARY BRADFORD
Art director
**HIROKAZU
KUREBAYASHI**
Fotografo
DOMINIQUE LAUGE'

357

Cliente
SITIA YOMO
Agenzia
J. WALTER THOMPSON
Direttore creativo
DANIELE CIMA
Art director
LUCA MARONI
Copywriter
BEPPE VIOLA
Fotografo
MICHAEL WILLIAMS

Zucchi Collection. I migliori stilisti d'Europa, dal 1785 al 1935.

I vostri occhi stanno ammirando la più bella storia che sia mai stata narrata dalla cultura tessile europea, nell'arco di oltre due secoli. Una storia incisa su 56.000 blocchi per stampa a mano su tessuto, la selezione più severa della creatività dei migliori stilisti e dell'abilità dei migliori artigiani. Da questi stampi nascono preziosi disegni: classici, floreali, cashmere, Art Nouveau, Art Decò. I blocchi sono stati raccolti, numerati e amati da persone che apprezzano la cultura della qualità. Ora rivivono in un museo, in Italia. All'ingresso c'è un nome: "Zucchi Collection".

Zucchi Collection
Tessuti per Abitare

Cliente
TELERIE ZUCCHI
Agenzia
CANARD
ADVERTISING
Direttore creativo
EMILIO HAIMANN
MARCO RAVANETTI
Art director
FLAVIO FUMAGALLI
Copywriter
ELIO BRONZINO
Fotografo
DOMINIQUE LAUGE'

Cliente
BUITONI
Agenzia
J. WALTER THOMPSON
Direttore creativo
DANIELE CIMA
Art director
DANIELE CIMA
Copywriter
BEPPE VIOLA
Fotografo
IVO VON RENNER

Raça bahiana.

SISLEY

Cliente
UNITED COLORS
OF BENETTON
Agenzia
PIRELLA GÖETTSCHE
LOWE S.p.A.
Direttore creativo
PIETRO VACCARI
Art director
ANDREA BAYER
Copywriter
PIETRO VACCARI
Fotografo
HANS PETER
SCHNEIDER

FOTOGRAFIA

Cliente
SISAL S.p.A.
Agenzia
STZ
Direttore creativo
FRITZ TSCHIRREN
Art director
FRITZ SCHIRREN
PAOLA CASARI
Copywriter
MARCO FERRI
Fotografo
JEAN-PIERRE
MAURER

Modello Ouverture, serie numerata, limitata per l'Italia a 860 esemplari, cm 170x240, in pura lana vergine 100%. Disponibile solo presso i punti vendita autorizzati Sisal. Per informazioni, telefonare allo 0523/41200.

Il tappeto Sisal rende la casa più bella e accogliente.

SISAL
Sisal. Il tappeto occidentale.

Modello Tiffany, serie numerata, limitata per l'Italia a 860 esemplari, cm 170x240, in pura lana vergine 100%. Disponibile solo presso i punti vendita autorizzati Sisal. Per informazioni, telefonare allo 0523/41200.

Il tappeto Sisal rende la casa più bella e accogliente.

SISAL
Sisal. Il tappeto occidentale.

362

Modello Arcadia, serie numerata, limitata per l'Italia a 860 esemplari, cm 170x240, in pura lana vergine 100%. Disponibile solo presso i punti vendita autorizzati Sisal. Per informazioni, telefonare allo 0523/41200.

Il tappeto Sisal rende la casa più bella e accogliente.

SISAL

Sisal. Il tappeto occidentale.

Cliente
SWATCH
Agenzia
FEDERICO DABOVICH
KLAUS ZAUGG
Art director
FEDERICO DABOVICH
Fotografo
KLAUS ZAUGG

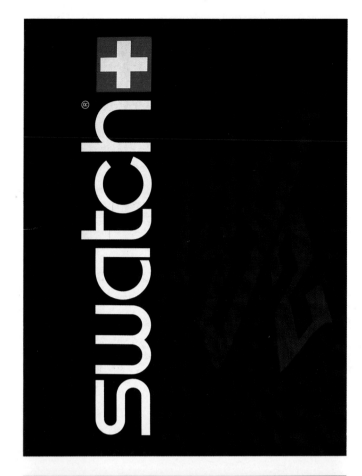

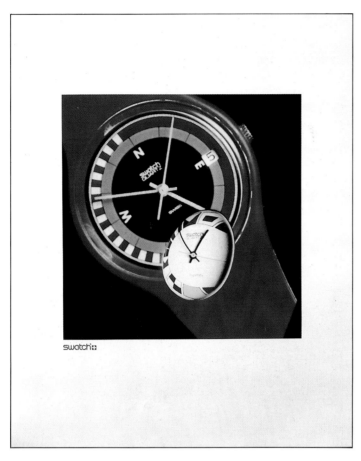

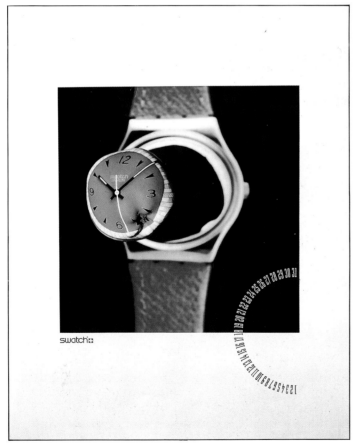

Cliente
ZANUSSI
Agenzia
PIRELLA GÖETTSCHE
LOWE S.p.A.
Art director
MARISA AGRESTI
Copywriter
EMANUELE PIRELLA
Fotografo
JOHN TURNER

Cliente
FEDER LEASING
Agenzia
IMPACT & DOLCI
BIASI
Direttore creativo
ALDO BIASI
Art director
ELEONORA GAROSCI
Fotografo
LUCA PERAZZOLI
Scenografo
LAURA ARDUIN

Cliente
CONTE OF FLORENCE
Agenzia
LIVRAGHI,
OGILVY & MATHER
Direttore creativo
GABRIELE ZAROTTI
Art director
MICHELE FANFANI
Copywriter
LICIA SIDERI
Fotografo
RAFFAELLO BRÀ
Illustratore fondale
e mock-up
CARLO PEZZONI

Cliente
LANIFICIO ING. LORO
PIANA
Agenzia
PIRELLA GÖETTSCHE
LOWE S.p.A.
Direttore creativo
EMANUELE PIRELLA
Art director
VIVIDE PONZANI
Copywriter
EMANUELE PIRELLA
CHIARA DEGLI OCCHI
Fotografo
MARTIN RIEDL

Il futuro delle acque italiane prende una nuova forma.

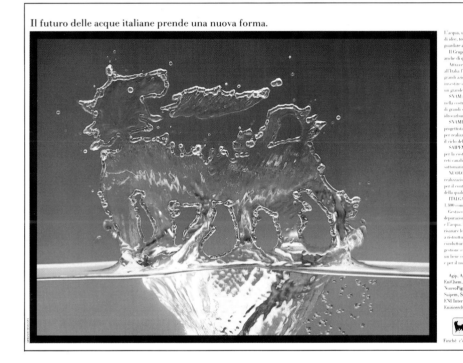

L'acqua, una risorsa che necessita di idee, tecnologie e uomini per guardare al futuro con più certezze.

Il Gruppo ENI è al servizio anche di questo.

Attraverso ENIACQUA offre all'Italia l'esperienza di cinque grandi aziende, pronte a investire denaro, lavoro e idee in un grande progetto nazionale.

SNAM: leader internazionale nella costruzione e gestione di grandi sistemi di trasporto per idrocarburi liquidi e gassosi.

SNAMPROGETTI: progettista e consulente tecnico per realizzazioni riguardanti anche il ciclo delle acque.

SAIPEM: struttura operativa per la costruzione di estese reti canalizzate, incluse condotte sottomarine e transmontane.

NUOVOPIGNONE: oltre 90 realizzazioni di automazione per il controllo di sistemi idrici e della qualità delle acque.

ITALGAS: già presente in 1.300 comuni italiani.

Gestisce acquedotti e impianti di depurazione, distribuisce il gas e l'acqua. ENIACQUA è pronta a risanare le fonti idriche, a ristrutturare l'attuale rete di condutture, a migliorare la gestione e la distribuzione di un bene così prezioso per tutti noi e per il nostro futuro.

Agip, AgipPetroli, Snam, EniChem, Enirisorse, NuovoPignone, Snamprogetti, Saipem, Savio, Terfin, Sofid, ENI International Holding, Eniricerche.

Eni

Finché c'è ENI, ci sarà energia.

Cliente
ENI
Agenzia
ARMANDO TESTA
Direttore creativo
LORENZO MARINI
MAURIZIO SALA
Art director
LORENZO MARINI
Copywriter
MAURIZIO SALA
Fotografo
OCCHIOMAGICO

ILLUSTRAZIONE

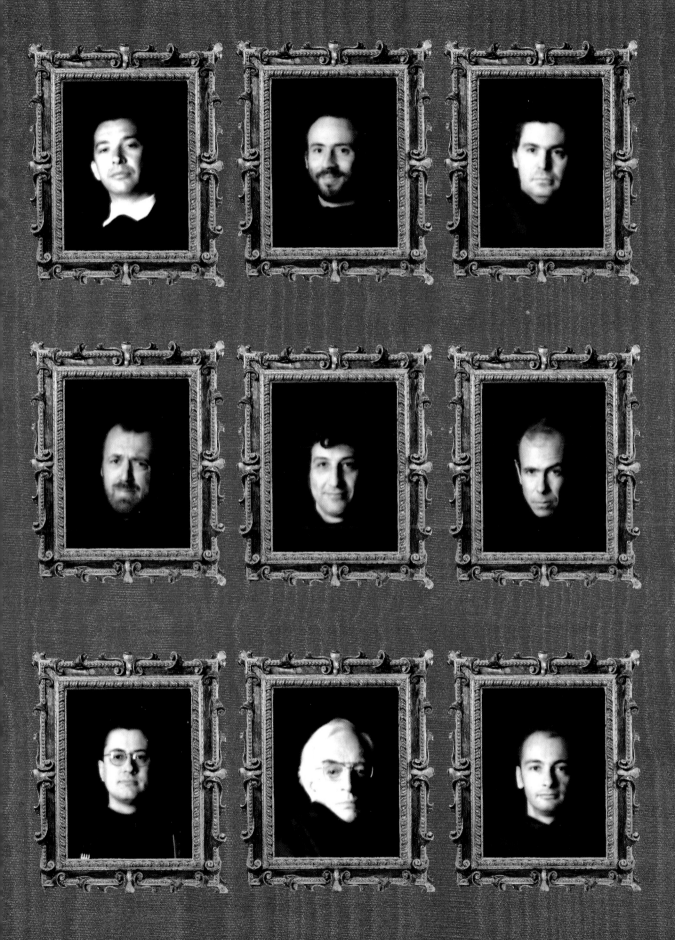

Cliente
**BALDONI &
DAL BORGO**
Agenzia
**LE BALENE
COLPISCONO ANCORA**
Art director
**DAL BORGO &
D'ALTAN**
Copywriter
ENZO BALDONI
Grafico
MAURIZIO DAL BORGO
Illustratore
PAOLO D'ALTAN

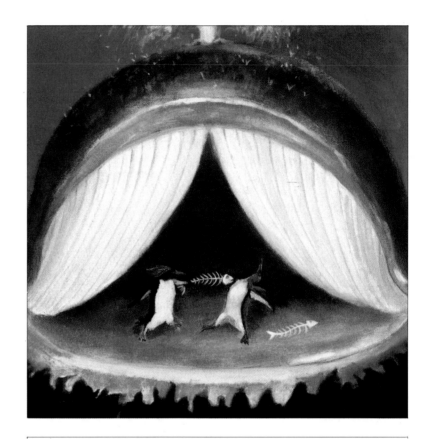

*L'estate australe moriva dolcemente
e già gli habitués gremivano le tribune armati di eleganti binocoli.*

*Dietro le quinte della sfilata c'era la solita ressa di sirene isteriche,
pesci-palla voyeurs e octopus maneggioni.*

*Quando lui, per fare il viveur, ordinò aragosta
l'ostessa gli elargì un'occhiata colma di mesta riprovazione.*

Cliente
**BALDONI &
DAL BORGO**
Agenzia
**LE BALENE
COLPISCONO ANCORA**
Art director
**DAL BORGO &
D'ALTAN**
Copywriter
ENZO BALDONI
Grafico
MAURIZIO DAL BORGO
Illustratore
PAOLO D'ALTAN

*L'illuminato Ogloff considerò perplesso il mostro monocolo
che gli veniva incontro esalando un inconfondibile perlage.*

*Era la notte dolcissima in cui da ogni angolo dell'oceano
si spandevano le note di "Tu scendi dalle Stelle marine".*

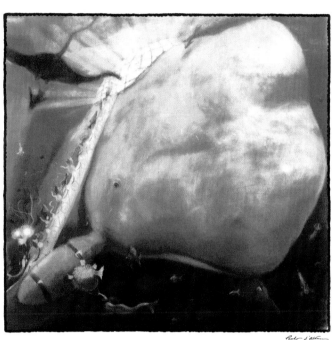

*Era la solita infornata di sirene suburbane che, tutte lustrini e paillettes,
andavano a sperperare la notte del sabato al Village.*

*Meglio avrebbe giovato al Pinguino Blick aver frequentato con più assiduità
la mitologia greca e meno l'ingegneria aeronautica.*

Cliente
INCENTIVE
Agenzia
REGGIO DEL BRAVO
PUBBLICITÀ srl
Art director
AGOSTINO REGGIO
Copywriter
PAOLO DEL BRAVO
Illustratore
ROBERTO PERINI

**SUCCEDE SPESSO: IL CERVELLO COMINCIA A LAVORARE
APPENA SI SVEGLIA AL MATTINO, E SI FERMA APPENA ARRIVA IN UFFICIO.**

Il lavoro è la maledizione della classe dei bevitori, scrisse Oscar Wilde. In realtà, sembra essere la maledizione dell'intero genere umano.

Parlano le statistiche: l'uomo mette nel lavoro solo il 25% della propria abilità e delle proprie energie.

Domanda: colpa dell'uomo o del lavoro? Poiché ogni essere umano è capace di una applicazione molto maggiore, qualcuno dirà: colpa dell'uomo.

Conoscendo invece l'uomo dal di dentro, sapendo che egli considera il lavoro non come strumento di sopravvivenza, ma come canale principale dell'espressione della propria personalità, non si può che dire: colpa del lavoro.

Anzi, di un'organizzazione del lavoro che poco o nulla concede ai desideri e alle aspirazioni di quel delicato e sensibile ingranaggio che costituisce il vero patrimonio di un'azienda: l'essere umano.

È dunque dall'essere umano che bisogna ripartire, ed è di lui che ci occupiamo alla Incentive: di tecniche di incentivazione e di motivazione umana, cioè di come muovere gli uomini che fanno muovere i prodotti.

È un lavoro che facciamo da vent'anni informando, formando, addestrando e motivando nel profondo uomini a tutti i livelli, dentro e fuori l'azienda, dalla produzione alla distribuzione.

Un lavoro che facciamo con successo: non a caso siamo leader nell'incentivazione.

E non a caso ci chiamiamo Incentive.

INCENTIVE SpA
IL CAPITALE UMANO

Cliente
SCHÜRCH &
PARTNERS
Agenzia
TANGRAM STRATEGIC
DESIGN
Direttore creativo
ENRICO SEMPI
Art director
ENRICO SEMPI
Copywriter
SCHÜRCH &
PARTNERS
Grafico
ENRICO SEMPI
ANTONELLA TREVISAN
Illustratore
GUIDO PIGNI

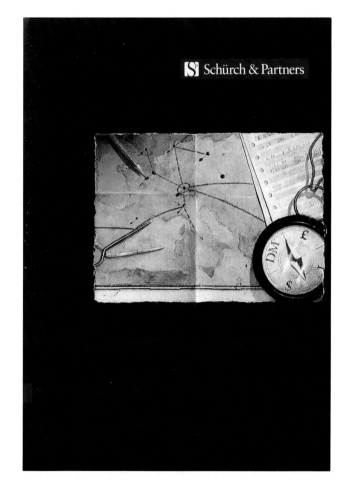

Articles and opinions are regularly published in well-known international financial newspapers in several European countries.
H. César Schürch also acts as a regular correspondent for the Swiss national radio.

Fee Structure

The fees for Schürch & Partners advisory services are charged monthly on an overall basis for all expenditures incurred.

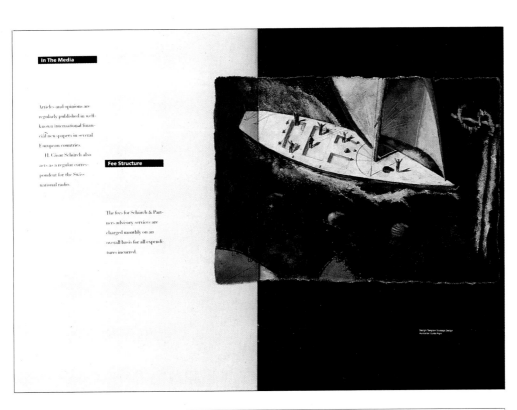

Design: Sargam Inhouse Design
Illustrator: Guido Mijn

The Advisory Service

The Schürch & Partners analysis and consulting services are aimed at diminishing the risk and not at favouring speculation.
The main goal of the services offered by Schürch & Partners is to retain their clients' operating profits and to avoid, whenever possible, currency losses. The foreign exchange and interest-rate risks involved in international transactions should be minimized, and the cost of necessary hedging should be as low as possible. Experience has shown that additional profits can be made by means of consistent management.

The Schürch & Partners analysis consists of two key factors. The first one is the main trend which indicates the general direction while the second one, the short-term trend, allows for a daily fine-tuning of the decisions to be taken.
Schürch & Partners advisory services are situated between the time-spans considered by traders (intra-day) and those relevant to long-term econometric models. The typical Schürch & Partners clients are treasurers of internationally operating corporations who must take financial decisions on a daily basis.

Naturally, such decisions mostly produce tangible results only after days, weeks or months, once the respective currency deals are concluded.
Schürch & Partners is not in any way related to a market maker and is therefore in a position to offer an independent consulting service which is totally free of any turnover pressure.

The goal of the service is to retain clients' operating profits and to minimize their risks

Cliente
ELLE RIZZOLI
Agenzia
CENTO PER CENTO srl
Art director
PIERPAOLO PITACCO
Illustratore
LYNNE DOUGLAS

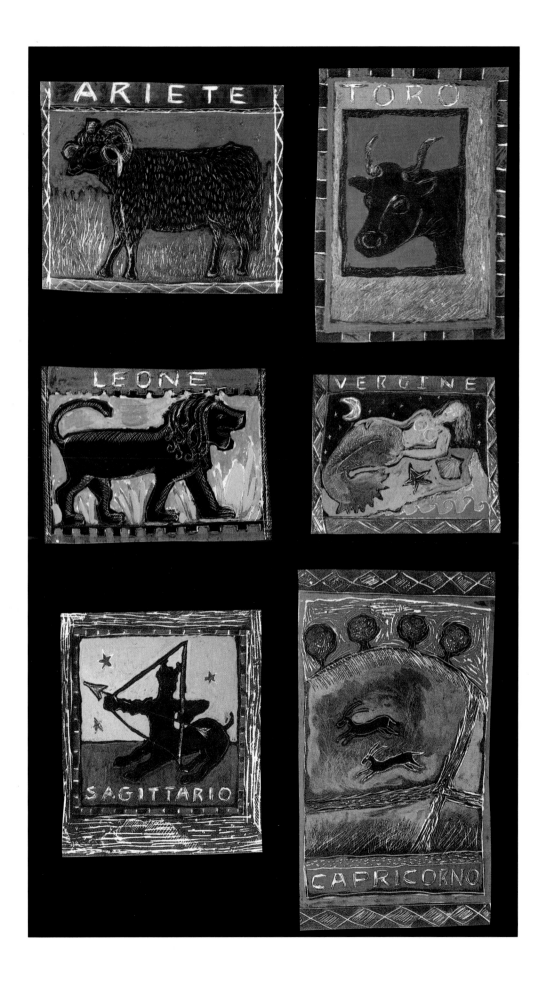

Cliente
KARTELL
Agenzia
ENERGY PROJECT
Art director
NIKKO AMANDONICO
Illustratore
LYNNE DOUGLAS

Cliente
BORLAND ITALIA
Art director
MARCO PAPPALARDO
Illustratore
ANTONIO PEROSA

Cliente
UCB CREDICASA
Agenzia
**THOMPSON BUSINESS
COMMUNICATIONS**
Art director
ISA GALLIANI
Illustratore
MANUELA BERTOLI

Cliente
**ROMINVEST (GRUPPO
BANCO DI ROMA)**
Agenzia
**McCANN ERICKSON
ROMA**
Direttore creativo
OSCAR MOLINARI
Art director
**ADA CARPI
DE RESMINI**
Copywriter
GIOVANNI CAPORIONI
Illustratore
BILL SANDERSON

Cliente
SITIA YOMO
Agenzia
J.WALTER THOMPSON
Direttore creativo
DANIELE CIMA
DARIO DIAZ
Art director
DANIELE CIMA
Copywriter
DARIO DIAZ
Illustratore
FABIO TRAVERSO

SOPRANNATURALE.

VOLETE SAPERE COME MAI YOMO FRUTTA HA UN GUSTO
COSÌ NATURALE? YOMO NON AGGIUNGE NIENTE AL
LATTE, ALLA FRUTTA E AI FERMENTI (SALVO UN PO' DI
ZUCCHERO). PERCHÉ È COSÌ BUONO? LA FRUTTA È LA
MIGLIORE ED È MATURATA AL SOLE. PERCHÉ È COSÌ
BENEFICO? PERCHÉ È PURO YOGURT FATTO DA CHI DI
FERMENTI LATTICI SE NE INTENDE IN QUANTO DA
SEMPRE FA YOGURT E SOLO YOGURT. RICORDATEVELO
QUANDO DOVETE SCEGLIERE UNO YOGURT.

YOMO FRUTTA. FATTO DI YOGURT
DI FRUTTA E DI YOMO.

YOMO
LO YOGURT

Cliente
G.RICORDI & C.
Agenzia
GGK MILANO
Direttore creativo
CESARE CASIRAGHI
JAMIE AMBLER
Art director
JAMIE AMBLER
Copywriter
CESARE CASIRAGHI
Fotografo
ARCHIVIO
DAN TIERNEY
Illstratore
DAN TIERNEY

Agenzia
CANARD
ADVERTISING
Direttore creativo
EMILIO HAIMANN
MARCO RAVANETTI
Art director
MARCO RAVANETTI
Copywriter
EMILIO HAIMANN
Fotografo
STUDIO PAPETTI
Illustratore
MICHELANGELO
ROSSINO

Di Canard ce n'è una.
Una a Torino e una a Milano.

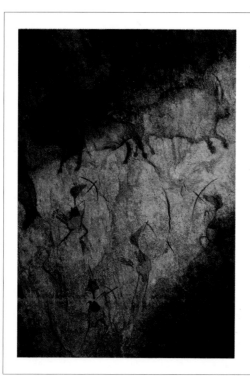

Ci piacciono le campagne
che durano nel tempo.

Da noi, la pubblicità è sacra.

GRAZIE

I SOCI DELL'ART
DIRECTORS CLUB ITALIANO
RINGRAZIANO
SFERA
PER LA SIGNIFICATIVA
COLLABORAZIONE

Apple Computer

I Soci dell'Art
Directors Club Italiano
Ringraziano
Apple Computer
Per la Significativa
Collaborazione

I Soci dell'Art
Directors Club Italiano
Ringraziano
Publitalia '80
Per la Significativa
Collaborazione

ART DIRECTOR CLUB
ITALIANO
WHO'S WHO

Angelo Abbate
Copywriter
McCann-Erickson
Italiana,
Milano

Maurizio Badiani
Executive
creative director
Publicis-FCB/MAC,
Roma

Raffaello Benedetti
Brà
Fotografo
Studio Brà,
Milano

Piero Abbruzzo
Art director
J.W. Thompson,
Milano

Piero Bagolini
Art director
DMB & B,
Milano

Linda Berardi
Art director
Leo Burnett,
Milano

Luca Albanese
Art director,
condirettore
creativo
Saatchi & Saatchi,
Roma

Enzo Baldoni
Copywriter
Baldoni & Dal Borgo,
Milano

Mauro Biagini
Copywriter
Longari & Loman/
BDDP,
Milano

Bianca Allevi
Art director
Pirella Göttsche
Lowe,
Milano

Sandro Baldoni
Copywriter
FCA/SBP,
Milano

Aldo Biasi
Amministratore
delegato,
Publicis-FCB/MAC,
Milano

Nikko Amandonico
Titolare,
art director,
graphic designer
Energy Project,
Parma

Enrico Barbalonga
Chief creative
director
L'Altra,
Torino

Gabriele Biffi
Direttore servizi
amministrativi
e produzione
Bozell Testa
Pella Rossetti,
Milano

Carlo Angelini
Graphic designer,
Roma

Pasquale Barbella
Amministratore
delegato,
direttore creativo
Barbella Gagliardi
Saffirio,
Milano

Genevieve Bini
Direttore creativo
JWT Superstar,
Milano

Pierluigi Bachi
Direttore creativo
Admarco,
Firenze

Nicola Barracchia
Copywriter
Leo Burnett,
Milano

Maria Grazia Boffi
Vice direttore
creativo
Young & Rubicam,
Milano

Enrico Bonomini
Copywriter,
creative director
Verba DDB Needham,
Milano

Stefano Bruni
Copywriter,
capogruppo
creativo
Diagonale Adv.,
Milano

Cesare Casiraghi
Executive Creative
Director
BSB,
Milano

Roberto Borioli
Titolare
Borioli & C.,
Milano

Chiara Calvi
Art director
Universal,
Milano

Silvano Cattaneo
Copywriter
DMB & B,
Milano

Alessandra Brianti
Copywriter,
direttore creativo
McCann Direct,
Milano

Piero Campanini
Direttore creativo
CBC,
Milano

Federico Cavalli
Copywriter
Brandani &
Guastalla,
Milano

Maurilio Brini
Art director
McCann-Erickson
Italiana,
Milano

Stefano Campora
Copywriter
Saatchi & Saatchi,
Milano

Aldo Cernuto
Direttore creativo
Pirella Göttsche-
Lowe,
Milano

Christopher
Broadbent
Fotografo
Studio Broadbent,
Milano

Alessandro Canale
Copywriter
McCann-Erickson
Italiana,
Milano

Pierluigi Cerri
Architetto
Gregotti Associati
International,
Milano

Elio Bronzino
Copywriter
Lintas,
Milano

Franco Carrer
Chief
creative director
Armando Testa,
Torino

Paolo Chiabrando
Copywriter
Universal,
Milano

Giovanni Brunazzi
Titolare,
direttore creativo
Image +
Communication,
Torino

Roberto Caselli
Associate
creative director
Publicis-FCB/MAC,
Milano

Enrico Chiarugi
Copywriter,
direttore creativo
associato
Impact Italia,
Milano

405

Guido Chiovato
Direttore creativo
DMB & B,
Milano

Guido Cornara
Copywriter,
direttore creativo
Saatchi & Saatchi,
Roma

Maurizio Dal Borgo
Art director
Baldoni & Dal Borgo,
Milano

Luigi Ciccognani
Art director
Ciccognani Studio,
Milano

Elia Coro
Art director
Universal,
Milano

Sandra Dal Borgo
Copywriter
Pirella Göttsche
Lowe,
Milano

Maurizio Cigognetti
Fotografo,
Milano

Mauro Costa
Direttore creativo
Nadler Larimer
& Martinelli,
Milano

Valerio De Berardinis
Photographer
Box 4,
Roma

Daniele Cima
Direttore creativo
esecutivo
Impact Italia,
Milano

Alfonso Costantini
Art director,
amministratore
delegato
RSCG Mezzano
Costantini Mignani,
Milano

Stefano De Filippi
Direttore creativo
Lintas,
Milano

Nicoletta Cocchi
Copywriter, vice
direttore creativo,
Young & Rubicam,
Milano

Alberto Cremona
Amministratore
delegato
Alberto Cremona,
Milano

Lucio De Gregorio
Direttore creativo
Young & Rubicam,
Milano

Andrea Concato
Consulente creativo,
Milano

Piera D'Adamo
Copywriter
free-lance,
Padova

Paolo Del Bravo
Copywriter
Reggio Del Bravo
Pubblicità,
Roma

Roberto Conti
Art director,
direttore creativo
Roncaglia
& Wjkander,
Roma

Maurizio D'Adda
Vice president,
creative director
Saatchi & Saatchi,
Milano

Dario Diaz
Executive vice
president,
executive creative
director
J.W. Thompson,
Milano

Titti Fabiani
Direttore creativo,
vice presidente
B Communication,
Milano

Enza Fossati
Art director
Publimarket-Idea2
Alliance,
Milano

Gaspare Giua
Copywriter
Young & Rubicam,
Milano

Michael March
Fantacci
Copywriter,
direttore creativo
D & A,
Firenze

Maria Frediani
Art director
J.W. Thompson,
Milano

Franco Gisuti
Copywriter
Young & Rubicam,
Milano

Bruno Ferlazzo
Direttore creativo,
Italia/BBDO,
Milano

Franco Gaffuri
Grafico,
amministratore
unico
Franco Gaffuri
Comunicazione,
Milano

Michele Göttsche
Vice presidente
Pirella Göttsche
Lowe,
Milano

Fabio Ferri
Art director
Saatchi & Saatchi,
Roma

Pietro Gagliardi
Presidente,
direttore creativo
Barbella Gagliardi
Saffirio,
Torino

Sandro Gorra
Direttore creativo
HDM WE,
Milano

Marco Ferri
Copywriter
STZ,
Milano

Roberto Gariboldi
Art director
Gariboldi Parisi
Verga/Interad,
Milano

Libero Gozzini
Illustratore,
Milano

Roberto Fiamenghi
Art director,
Executive Creative
Director
Young & Rubicam,
Milano

Raymond Gfeller
Executive creative
director
DMB & B,
Milano

Fabrizio Granata
Socio,
direttore creativo
Propaganda,
Milano

Roberto Fiore
Direttore creativo
Armando Testa,
Torino

Adelaide Giordanengo
Vice direttore
creativo
Armando Testa,
Torino

Roberto Greco
Copywriter,
associate creative
director
Barbella
Gagliardi Saffirio,
Milano

Barbara Guenzati
Art director
Young & Rubicam,
Milano

Antonio Maccario
Copywriter
condirettore creativo
McCann-Erickson,
Italiana,
Roma

Gianfranco Marabelli
Vice president,
executive
creative director
Verba DDB Needham,
Milano

Aldo Guidi
Copywriter
Universal,
Milano

Alasdhair
MacGregor-Hastie
copywriter
Universal,
Milano

Maurizio Marani
Art director,
Milano

Silvano Guidone
Vice presidente,
responsabile creativo
Armando Testa,
Torino

Pietro Maestri
Copywriter, socio,
direttore creativo
Transatlantic,
Milano

Mauro Marinari
Art director,
direttore creativo
Universal,
Milano

Emilio Haimann
Copywriter,
direttore creativo
Canard,
Milano

Massimo Magrì
Regista
Politecne
cinematografica,
Milano

Lorenzo Marini
Art director,
Milano

Paolo Licci
Art director,
direttore creativo
Brand X,
Milano

Giancarlo Maiocchi
Fotografo, titolare
Occhiomagico,
Milano

Luca Maroni
Art director
J.W. Thompson,
Milano

Livio Loris
Creative director
Conquest Europe,
Milano

Mara Mancina
Copywriter
DMB & B,
Milano

Arturo Massari
Art director
Verba DDB Needham
Milano

Loris Luigi Losi
Vice direttore
creativo
Bozell Testa Pella
Rossetti,
Milano

Mauro Manieri
Copywriter
creative group head
Lintas,
Milano

Maurizio Matarazzo
Art director RSCG
Mezzano Costantini
Mignani,
Milano

Antonio Mele
Art director
McCann-Erickson
Italiana,
Milano

Annamaria
Montefusco
Copywriter
J.W. Thompson,
Milano

Till Neuburg
Titolare Camera,
Milano

Giampaolo Melideo
Copywriter,
amministratore
Clio ADV,
Milano

Franco Moretti
Vice presidente,
direttore creativo
esecutivo
McCann-Erickson
Italiana,
Milano

Vito Nuzzi
Vice presidente
Publicis-FCB/MAC,
Milano

Lorenzo Michielotto
Direttore creativo
Lintas,
Milano

Mauro Mortaroli
Art director, chief
creative director
Armando Testa,
Roma

Joe Oppedisano
Fotografo
Blu Bird Productions,
Milano

Marco Mignani
Copywriter,
direttore creativo,
partner RSCG
Mezzano
Costantini Mignani,
Milano

Paola Napolitani
Copywriter
J.W. Thompson,
Milano

Giovanni Pagano
Art director
Pirella Göttsche Lowe,
Milano

Alba Minadeo
Copywriter
free-lance,
Milano

Gianluca Nappi
Socio,
Direttore creativo
Propaganda
Milano

Stefano Palombi
Creative supervisor
Saatchi & Saatchi,
Roma

Oscar Molinari
Copywriter,
direttore creativo
McCann-Erickson
Italiana,
Roma

Luciano Nardi
Art director
Lintas,
Milano

Roberto Panelli
Creative director
Conquest Europe,
Milano

Dario Mondonico
Art director
DMB & B,
Milano

Simone Nencetti
Art director
J.W. Thompson,
Milano

Lele Panzeri
Direttore creativo,
titolare
FCA/SBP,
Milano

Marco Pappalardo
Copywriter
free-lance,
Milano

Antonio Pinter
Copywriter
RSCG Mezzano
Costantini Mignani,
Milano

Daniele Ravenna
Copywriter,
direttore creativo
Young & Rubicam,
Milano

Vittorio Pardi
Bold/Adv.,
Milano

Emanuele Pirella
Presidente,
amministratore
delegato
Pirella Göttsche
Lowe,
Milano

Agostino Reggio
Art director
Reggio del Bravo
pubblicità,
Roma

Roberto Parisi
Copywriter
Gariboldi Parisi
Verga/Interad,
Milano

Pier Paolo Pitacco
Direttore creativo
Cento per Cento,
Milano

Tonino Risuleo
Art director
McCann-Erickson
Italiana,
Roma

Gerardo Pavone
Direttore creativo
Lintas,
Milano

Roberto Pizzigoni
Direttore creativo
Pirella Göttsche
Lowe,
Milano

Francesco Rizzi
Art director
Publicis-FCB/MAC,
Milano

Sergio Neri Pelo
Consulente creativo
Milano

Milka Pogliani
Vice presidente,
direttore creativo
esecutivo
McCann-Erickson
Italiana,
Milano

Michele Rizzi
Direttore creativo,
amministratore
unico
Michele Rizzi,
Milano

Alessandro Petrini
Art director,
direttore creativo
Alberto Cremona,
Milano

Renata Prevost
Socio, produttore
Garage
cinematografica,
Milano

Andrea Ruggeri
Vice direttore creativo
Young & Rubicam,
Milano

Pino Pilla
Copywriter,
direttore creativo
Alberto Cremona,
Milano

Maria Pia Preziuso
Art director
Young & Rubicam,
Milano

Carlo Russo
Art director
Leo Burnett,
Milano

Fabrizio Russo
Copywriter
McCann-Erickson
Italiana,
Milano

Alberta Schiatti
Copywriter
Lintas,
Milano

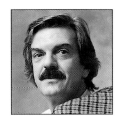

Nando Spinelli
Direttore creativo
Talent,
Milano

Silvio Saffirio
Amministratore
delegato,
direttore creativo
Barbella Gagliardi
Saffirio,
Torino

Salvo Scibilia
Direttore creativo
Publicis-FCB/MAC,
Milano

Enzo Sterpi
Copywriter
Pirella Göttsche
Lowe,
Milano

Maurizio Sala
Copywriter, chief
creative director,
international
creative coordinator
Armando Testa,
Milano

Alberto Scotti
Copywriter
RSCG Mezzano
Costantini
Mignani,
Milano

Fulvio Talamucci
Direttore creativo
Longari & Loman/
BDDP,
Milano

Gavino Sanna
President,
executive
creative director
Young & Rubicam,
Milano

Aldo Selleri
Copywriter,
direttore creativo
amministratore
unico
Selleri & Selleri,
Milano

Salvatore Tarallo
Copywriter
RSCG Mezzano
Costantini Mignani,
Milano

Gianguido Saveri
Art director
free-lance,
Milano

Francesco Simonetti
Copywriter
Leo Burnett,
Milano

Carlotta Tessarolo
Art director
DMB & B,
Milano

Paolo Savignano
Copywriter,
Roma

Roberta Sollazzi
Copywriter
Barbella Gagliardi
Saffirio,
Milano

Annamaria Testa
Presidente,
direttore creativo
Bozell Testa Pella
Rossetti,
Milano

Umberto Savoia
Art director
supervisor
Canard,
Torino

Marco Sorrentino
Strategic planning
director
Lintas,
Milano

Delfina Testa
Copy supervisor
Armando Testa,
Torino

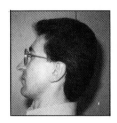

Paolo Tonelli,
Art director
RSCG Mezzano
Costantini Mignani,
Milano

Grazia Usai,
Copywriter,
group
creative director
McCann-Erickson,
Milano

Nicola Zanardi
Copywriter
J.W. Thompson,
Milano

Paolo Torchetti
Copywriter
FCA/SBP,
Milano

Pietro Vaccari
Copywriter,
direttore creativo
Leo Burnett,
Milano

Lorenzo Zordan
Copywriter
HDM WE,
Milano

Agostino Toscana
Art director
direttore creativo
associato
Barbella Gagliardi
Saffirio,
Milano

Peter Van Schalkwyk
Group creative
director
McCann-Erickson
Italiana,
Milano

Valeria Zucchini
Socio STZ,
Milano

Elena Tralli
Copywriter
Pirella Göttsche
Lowe,
Milano

Marco Vecchia
Direttore
strategico
Bozell Testa Pella
Rossetti,
Milano

Giorgio Tramontini
Socio, direttore
creativo
F.T.G.,
Torino

Giampiero Vigorelli
Direttore creativo,
vice general manager
Saatchi & Saatchi,
Milano

Fritz Tschirren
Art director,
direttore creativo
STZ,
Milano

Gian Piero Vinti
Creative director
J.W. Thompson,
Milano

Gian Paolo Uccelli
Art director
Nadler Larimer &
Martinelli,
Milano

Riccardo Voglino
Direttore creativo
P&T,
Milano

INDICE

417